LES
RETRAITES OUVRIÈRES

dans le

DÉPARTEMENT DE L'AISNE

NOTE

PRÉSENTÉE A LA COMMISSION

chargée d'étudier la création

D'UNE CAISSE DÉPARTEMENTALE

par M. Henry GOULLEY, Préfet

28 Juin 1905

LAON
Imprimerie du Courrier de l'Aisne, rue Saint-Jean, 39

1905

LES
RETRAITES OUVRIÈRES

Dans le Département de l'Aisne.

LES
RETRAITES OUVRIÈRES

dans le

DÉPARTEMENT DE L'AISNE

NOTE

PRÉSENTÉE A LA COMMISSION

chargée d'étudier la création

D'UNE CAISSE DÉPARTEMENTALE

par M. Henry GOULLEY, Préfet

28 Juin 1905

LAON

Imprimerie du COURRIER DE L'AISNE, rue Saint-Jean, 39.

1905

TABLE DES MATIÈRES

Barêmes de la Caisse Nationale des Retraites.

LES RETRAITES OUVRIÈRES

DANS LE DÉPARTEMENT
DE L'AISNE.

Le Conseil général, dans sa dernière session, a bien voulu décider, sur mon initiative, que la question des retraites ouvrières serait mise à l'ordre du jour de ses délibérations.

Il a demandé qu'une étude préparatoire fût commencée, et désigné les corps, les associations et les services publics qui pourraient y collaborer.

De ces indications est née la commission de 75 membres qui se réunit aujourd'hui et dont il convient de donner ici la composition, telle qu'elle résulte de la décision du Conseil général en ce qui concerne les personnes désignées par cette assemblée, et de l'arrêté préfectoral de nomination pour les autres membres.

COMPOSITION DE LA COMMISSION.

Le conseil général a délégué pour cette étude sa Commission des Finances et d'Administration générale et sa Commission d'Agriculture, Commerce et Industrie ; c'est-à dire, pour la première de ces commissions :

MM. Legry, président, Forzy, Lamarre, Morlot, Testart.

Et pour la deuxième :

MM. Mazuriez, président, Gaillard, Gaudion, Gentilliez, Henry, Lupette, de Trétaigne.

D'autre part ont été nommées par arrêté préfectoral en date du 15 juin 1905, les personnes suivantes :

Comices agricoles.

MM. Jules Legras, président du Comice de Laon ;
    Titus Leroux, vice-président du Comice de Laon ;
    Malézieux, président du Comice de Marle ;
    Bachellez, vice-président du Comice de Marle ;
    Ernest Robert, président du Comice de Saint-Quentin ;
    Demarolle, vice-président du Comice de Saint-Quentin ;
    Léon Rocq, vice-président du Comice de Vervins ;
    Dubois, secrétaire général du Comice de Vervins ;
    Brunehant, président du Comice de Soissons ;
    Pinta, vice-président du Comice de Soissons ;
    Lamy, vice-président de la commission des retraites agricoles du Comice de Château-Thierry ;
    Thorailler, secrétaire de la commission des retraites agricoles du Comice de Château Thierry.

Syndicats de Comices.

    Jacquemart, président du Syndicat agricole de la circonscription du comice de Laon ;
    Cortilliot, secrétaire du Syndicat agricole de la circonscription du comice de Laon ;
    Louis Wateau, membre du Syndicat agricole de Marle ;
    Maireaux, membre du Syndicat agricole de Marle.

Syndicat Agricole du Soissonnais (petite et moyenne culture).
    Bara, président ;
    Crochet, secrétaire général.

Société Vigneronne de Château-Thierry.
    Robert-Libert, président ;
    Raisin-Bédel, vice-président.

Société d'Horticulture de Soissons.

MM. Deviolaine, président ;
  Frédéric Bertrand, membre de la section laonnoise.

Chambre de Commerce de Saint-Quentin.

  Émile Hugues, président ;
  Eugène Touron, sénateur, vice-président ;
  Paul Trocmé, trésorier.

Tribunaux de Commerce.

  Léon Lambert, juge au Tribunal de Commerce de Chauny ;
  Sébastien, président du Tribunal de Commerce de Saint-
    Quentin ;
  Albert Dormoy, juge au Tribunal de Commerce de Vervins ;
  Maillard, président du Tribunal de Commerce de Soissons.

Conseils de Prud'hommes.

  Jules Béguin, membre patron du Conseil de Prud'hommes de
    Saint-Quentin ;
  Delépinne, membre ouvrier du Conseil de Prud'hommes de
    Saint-Quentin ;
  Jonquoy, président du Conseil de Prud'hommes de Bohain ;
  Lévêque, vice-président du Conseil de Prud'hommes de Bo-
    hain ;
  Georges Bridoux, président du Conseil de Prud'hommes de
    Guise ;
  Urial Herdouillard, membre ouvrier du Conseil de Prud'-
    hommes de Guise.

Sociétés de Secours Mutuels.

  Berthault, vice-président de la Société de secours mutuels de
    Laon ;
  Deverly, vice président de la Société de Tergnier ;
  Houssière, secrétaire-trésorier de la Société de Cilly ;
  Basquin, président de la Société de Saint-François-Xavier
    (Saint-Quentin) ;
  Martin, président de la Société de Vervins ;
  Courtin, secrétaire de la Société du Nouvion :
  Becker, président de la Société de Soissons ;
  Taupin, président de la Société de Château-Thierry.

Caisse d'Épargne de Laon.

MM. Dubois, président du conseil des Administrateurs.

Bourse du Travail (1).

Société mutuelle de retraites « La Semeuse de Soissons ».

Petit, vice-président.

Syndicat des tisseurs « La Liberté ».

Ch. Caille, président ;
Edmond Baupré, vice-président.

Syndicat des vanniers.

Hutin, président ;
Chartier, secrétaire.

Syndicat des employés, voyageurs et dessinateurs.

Bétems, président ;
L. Odiot, secrétaire général.

Sociétés d'Habitations à bon marché.

René Jourdain, président de la Société Saint-Quentinoise des
habitations à bon marché, vice-président du comité local
de l'Aisne.

Fouquier, président du Tribunal civil de Laon ;
Belin, lieutenant-colonel du 45e de ligne à Laon ;
De Grétry, trésorier-payeur général ;
Duchénois, directeur de l'Enregistrement ;
Potron, directeur des Postes ;
Lalanne, inspecteur primaire ;
Ancey, inspecteur primaire ;
Hénin, directeur de l'école d'Isle, à Saint-Quentin ;

(1) La Bourse du Travail a décidé de ne pas se faire représenter.

MM. Choquenet, directeur de l'école primaire supérieure de
    Chauny ;
    Guerrapain, professeur départemental d'agriculture ;
    Carré, inspecteur des enfants assistés.

Cette commission a déjà fait quelque bruit.

On en a parlé avant même qu'elle ne fût au monde.

Les uns trouvent qu'on l'a faite beaucoup trop nombreuse.

D'autres m'ont écrit qu'on avait laissé en dehors des catégories
fort intéressantes, qui auraient dû y figurer.

Pourquoi la Semeuse de Soissons, a t-on dit encore, et non la
Compagnie de Saint-Gobain ?

Pourquoi tant de fonctionnaires ?

J'ai répondu de mon mieux à ces diverses réclamations et à
beaucoup d'autres.

J'ai dit et écrit que votre commission n'avait à prendre en main
les intérêts d'aucune profession, d'aucune spécialité ; que vous
auriez à traiter d'une question unique, devant laquelle tous sont
égaux : la question de la retraite pour la vieillesse des ouvriers.

Les cadres de la vieillesse, les candidats à une pension de retraite se recrutent également dans tous les métiers, dans tous les ateliers, aux champs comme à l'usine, et sur ce point rien ne ressem-
ble à un vieux laboureur comme un vieux menuisier.

Il n'y avait donc pas à songer que toutes les corporations
devaient être sollicitées de nous envoyer leurs représentants.

Il est entendu que nous travaillerons pour toutes et qu'aucun
intérêt ne sera négligé.

Si on a laissé de côté les grandes compagnies industrielles c'est
qu'elles n'ont pas besoin de nous. Elles ont déjà leur caisse des
retraites.

Leur expérience ne nous eût pas servi, car pas une n'a de statuts basés sur la mutualité.

En ce qui concerne les douze fonctionnaires de la commission,

Il se trouve que tous sont des chefs de service qui, de toute nécessité, ont à s'occuper de la législation des retraites, ou de la Caisse
nationale des retraites, ou des catégories de personnes, adultes ou
enfants, qui vont avoir des livrets de cette caisse.

Leur fonction même légitime leur présence dans la commission,
tout autant que leur compétence.

Ni les uns, ni les autres, pas plus que moi-même, nous ne tenons
à nous imposer en la circonstance, et si la commission décide que
notre concours est surabondant, nous applaudirons volontiers aux
libres initiatives qui rendront inutile désormais la présence de
l'administration.

Cependant, comme il n'a rien été fait encore, comme il fallait
bien que quelqu'un commençât, c'est un service public qui a pré-
paré l'étude sommaire qui va suivre. On y a résumé, aussi claire-
ment qu'il a été possible les indications indispensables sur les
rouages qui déjà fonctionnent et sur ce qu'il est possible de tirer
de l'organisation actuelle.

ÉTAT ACTUEL DE LA QUESTION.

La question des retraites ouvrières est fort peu connue dans notre pays.

Certains esprits craintifs veulent n'y voir qu'un engin socialiste,
une nouveauté redoutable, éclose dans les milieux avancés ; leur
prudence préférerait qu'on n'en commençât même pas l'examen.

D'autres estiment simplement qu'il n'y a aucune urgence à s'occuper de la question.

Or, depuis de longues années, les retraites ouvrières ont été organisées par des lois dans la moitié des pays qui nous entourent.

Chaque nation a résolu le problème suivant son tempérament
particulier : l'Angleterre et les États-Unis ont laissé le champ libre
à l'initiative privée.

Le Danemark et la Nouvelle-Zélande ont fait de la retraite des
vieillards une dette de la nation, payée par tous les citoyens, suivant d'ailleurs l'idée formulée en France par la Convention Nationale, dans la Déclaration des Droits de l'Homme (article 23).

En Allemagne, l'obligation de l'assurance pour la retraite est rigoureuse, mais ne s'applique qu'à une partie des citoyens.

En Italie, en Belgique, fonctionnent d'autres systèmes.

Toutes ces législations ont devancé la nôtre, comme il arrive trop souvent maintenant à notre pays.

Sans passer la frontière, faut-il rappeler, à ceux qu'effraie la nouveauté, notre loi française du 18 juin 1850, qui date de plus d'un demi-siècle et qui a créé la Caisse nationale des Retraites.

Cette Caisse est à la disposition de tous les citoyens et si nous avions les mœurs libres des États-Unis et de l'Angleterre, elle eût depuis longtemps été utilisée par les ouvriers.

Or, c'est à peine si les ouvriers en connaissent l'existence et, encore moins, le chemin.

Ce chemin est d'ailleurs long et parsemé d'ennuis divers ; il est barré, par exemple, aux heures où l'ouvrier quitte son travail et pendant toute la journée habituelle du repos : le dimanche.

Mais il y a, à ces vices d'organisation, des palliatifs. Nous connaissons d'autres portes, constamment ouvertes. Nous les indiquerons plus loin, avec la manière de les franchir, car on ne les connaît pas davantage. Ceux qui auraient le plus d'intérêt à s'en servir sont, en l'état actuel, hors d'état de les découvrir.

Nous travaillons pour leur servir de guides.

Si la question des retraites n'est pas nouvelle, elle ne saurait davantage être une cause d'effroi pour personne.

Qu'on l'envisage comme on voudra, au point de vue politique, ou social, ou financier, elle s'éclaire largement dès qu'on veut bien la regarder en face.

Au point de vue politique, nous avons vu que des monarchies comme l'Allemagne, l'Angleterre, l'Italie, la Belgique, etc., avaient marché plus vite que notre République et possédaient déjà leur organisation.

Au point de vue social, personne ne saurait confondre, malgré la fraternité des mots, certaines entreprises du parti socialiste, avec les réformes sociales nécessaires, humainement dues par une nation à ses travailleurs pauvres.

Une amélioration sociale ne relève pas nécessairement du programme socialiste, pas plus que le parti nationaliste ne représente la nation.

Les administrateurs des grandes compagnies, comme, dans l'Aisne, le Chemin de fer du Nord et la Cie de Saint-Gobain, ne sauraient passer pour d'ardents socialistes, bien qu'ils aient organisé des retraites pour leurs vieux ouvriers.

Enfin, au point de vue financier, un peu d'étude suffit à montrer que la question des retraites ne ruinera personne, si tous ceux qui ont le soin de la bonne administration des finances publiques, et qui possèdent des notions justes sur la répercussion de l'impôt, s'emploient à faire voter une loi équitable, basée sur les véritables principes économiques.

Peut-être même peut-on penser que cette loi organique, comme tant d'autres, serait d'ores et déjà inutile, si l'on voulait bien orienter les solutions possibles dans le sens de la liberté, comme on a fait en Belgique, en Angleterre et aux États-Unis

Nous ne sommes pas seul à estimer que les lois actuelles sont suffisantes. Si on les applique peu c'est qu'on les ignore. On ne les connaît pas, on ne fait rien, ou peu de chose, pour les faire connaître.

Ces lois actuelles sont comme des lampes puissantes placées dans un palais sans fenêtres.

La porte est d'accès difficile ; aucun rayon ne traverse les murs, du dehors on ne voit rien ; ceux qui marchent dans la nuit cherchent en vain du regard ; rien ne les attire, rien ne les dirige.

Que servira d'ajouter à tant de lumières inutiles une loi nouvelle qui, pas plus que les précédentes, ne donnera de clarté si l'on s'obstine à ne pas déboucher les fenêtres.

Cette loi, nous dit-on, comportera l'obligation : Tous les ouvriers, qu'ils le veuillent ou non, seront assurés.

Or l'expérience de l'obligation a été faite en Allemagne ; déjà l'on s'y aperçoit qu'elle n'a pas très bien réussi, comme nous le verrons tout à l'heure.

Avant de nous imposer un système un peu brutal, dont les Allemands, plus disciplinés que nous, n'arrivent pas à s'accommoder, pourquoi ne pas chercher la solution libérale, étayée sur la bonne volonté de tout le monde ?

Autant les Caisses d'épargne, institutions locales administrées par des personnes de bonne volonté, connues dans leur pays, sont devenues prospères, au point de ne savoir employer leur fortune personnelle ; autant la puissante Caisse Nationale des Retraites, entre les mains des fonctionnaires, fait peu parler d'elle et attire peu la clientèle.

Plus encore peut être que les Caisses d'épargne, la Mutualité commence à montrer ce que l'on peut obtenir de l'activité et du dévouement des citoyens de bonne volonté.

Un peu d'aide et beaucoup de sympathie vaudraient mieux que la contrainte :

Rendre par exemple la mutualité obligatoire serait la tuer.

La constitution des retraites obligatoires aboutirait comme en Allemagne, à créer de nouveaux services publics aussi impuissants que ceux d'aujourd'hui. Ce qui nous manque le plus en France, c'est l'initiative ; faut-il donc nous ôter les derniers moyens d'en avoir ?

Si nos gouvernements anciens se sont appliqués, pour le bien de leur politique, à détendre le ressort des volontés, à entraver toute action indépendante, à couvrir tous les murs d'inscriptions menaçantes qui portent toutes la DÉFENSE de faire quelque chose, il n'appartient pas à la République de perpétuer ce système asphyxiant et mortel.

Nous allons, puisqu'il en est temps encore, chercher si la solution qui nous intéresse ne peut pas être trouvée ailleurs que dans l'obligation ; et, pour commencer, parler des lois actuelles qui ne demandent qu'à mieux servir. Ces lois, on le verra, n'ont rien d'effrayant pour personne.

« Pendant longtemps, il a semblé qu'il suffisait, pour combattre la misère, d'une grande effusion de sentiment et d'une grande dépense d'argent.

« A notre époque, ces deux éléments conservent sans doute toute leur valeur, mais il en est apparu un troisième qui complète les deux autres : c'est *l'esprit de méthode* appliqué à la recherche des meilleurs procédés d'assistance. »

Ces lignes, extraites d'un mémoire fort intéressant (1), dû à la plume de M. Coulon, vice président du Conseil d'État, auraient pu servir d'épigraphe à la présente étude.

Le mieux du monde, elles expriment la nécessité des recherches sérieuses, des documents contrôlés, et des longues expériences à la base de toute étude qui tend à organiser un système de prévoyance.

Si ardent que puisse être l'esprit de solidarité ; si nette que l'on imagine la compréhension du devoir social ; si vif que l'on ressente le désir de venir en aide à ceux qui en ont le plus besoin, rien de solide, rien de sincère, rien de durable ne peut être établi en violation des lois économiques, ni au mépris des répercussions nécessaires.

Dégagée de toute considération sentimentale, isolée de toute polémique, la question des retraites apparaît toute simple dans sa netteté : *c'est tout bonnement une Question d'Assurance*, à résoudre d'après les données de la statistique, qui ne sauraient passionner personne.

Les solutions proposées seront puisées dans les tables de mortalité, dans des barèmes d'intérêts, où l'on suppute, après expérience, les chances et les risques divers d'une opération assez longue, dont il est tout aussi utile de connaître la fin que le commencement.

Sur la nécessité même des Caisses de retraites ouvrières nous nous garderons bien d'écrire une seule ligne, de trop longues années ayant été perdues déjà à démontrer cette nécessité, plus que morale.

Constituer une Caisse de retraites n'est pas une nouveauté, d'innombrables Caisses de ce genre étant en plein fonctionnement depuis des temps fort lointains.

---

(1) *Organisation de l'Assistance aux valides trop âgés pour trouver du travail, sans l'être assez pour participer aux secours publics*, in-8°, Bordeaux, 1903.

Appliquer ce mode de prévoyance aux ouvriers n'a rien non plus d'inédit puisque la plupart des corps organisés et des compagnies industrielles donnent déjà des retraites à leur personnel.

Les sociétés de secours mutuels ont avancé d'un grand pas dans le même domaine depuis la loi de 1808.

Enfin il est, parmi les porteurs de livrets de la Caisse nationale des Retraites, créée en 1850, bien des ouvriers agissant isolément, sans secours de personne, sans d'autres conseils que d'eux-mêmes.

Il ne s'agit donc pas, en la matière de rien inventer, mais seulement d'étudier et de choisir : le travail proposé est tout de comparaison et d'adaptation.

Pour le conduire loin il est indispensable de savoir ce qui est déjà fait pour trouver le meilleur et faire un choix.

Si nous ajoutons qu'une Caisse des retraites peut se concevoir sans de lourdes charges pour le budget, sans entrave inutile à la liberté, nous en aurons fini avec les idées générales qu'il était bon de rappeler tout d'abord, ce qui va suivre n'en étant que le corollaire.

Nous allons tout de suite passer en revue les institutions déjà existantes, qui fonctionnent, plus ou moins bien, pour la constitution des retraites.

Dans ces bâtisses anciennes nous essaierons de nous loger, ou de loger tout du moins une partie de notre monde.

Mais comme, probablement, il nous faudra construire nous n'aurons garde d'oublier les précautions nécessaires.

Quand on bâtit, le premier point est de concevoir l'immeuble d'après sa destination.

Le genre de clientèle, les dimensions, les matériaux, l'emplacement doivent être considérés.

Puis, comme une maison ne doit pas rester vide, il convien qu'elle soit saine, agréable, attrayante, que par son aspect même elle invite le locataire à visiter, et le retienne.

Le locataire, voilà le personnage intéressant, c'est lui que nous avons à attirer, à mettre à l'abri ; c'est lui que nous allons étudier tout de suite.

Dans le cas particulier c'est l'ouvrier.

L'OUVRIER.

Est-il possible de définir « l'ouvrier » au point de vue qui nous occupe ?

Nous pensons, après bien des recherches et de nombreuses consultations que la définition de ce qu'est l'ouvrier est impossible.

Un ouvrier travaillant seul, d'un métier manuel, devient entrepreneur si, par exemple, étant couvreur, il traite, pour réparer, pendant une année et pour un prix convenu, les toitures des bâtiments d'une commune.

S'il est pressé de terminer un travail urgent et qu'il prenne un aide, le voilà devenu patron.

S'il répare sa propre maison il n'est plus ouvrier ni patron, il travaille pour lui-même, en bon propriétaire.

Certain projet de loi considère que la loi sera applicable à tous les ouvriers dont le salaire ne dépasse pas 2.400 francs.

Or les employés de commerce, de banque, de bureau, dont le salaire serait moindre, devraient par suite entrer dans la définition qui, dans le langage courant, ne leur est pas appliquée : ce ne sont pas des ouvriers.

Faudra-t-il ajouter au salaire en argent les revenus provenant d'autres sources, en déduire certaines charges ? Alors chaque cas devra être étudié à la loupe, et chaque fois que la situation du même ouvrier se modifiera, il pourra passer d'une catégorie dans une autre.

Quel est le salaire d'un domestique de ferme qui gagne quarante francs par mois, plus la nourriture, le logement et des gratifications ?

La loi belge a entrepris de définir l'ouvrier et voici ce qu'elle trouve :

Article 5. — « Sont considérés comme ouvriers, les hommes et
« les femmes qui, moyennant un salaire, travaillent habituelle-
« ment de leurs mains pour un patron ou pour un maître, soit au
« temps, soit à la pièce ; soit au dehors, soit à domicile et sans
« distinguer entre le travail domestique, ou agricole, et le travail
« industriel ou de métier. »

Après cet article, dont la critique n'est pas malaisée, le règle-
ment belge s'occupe de définir l'ouvrier dans le besoin.

Article 6. — « Sont considérés comme se trouvant dans le besoin,
« ceux dont les ressources, mises en rapport avec leurs charges,
« sont ordinairement insuffisantes pour qu'ils puissent pourvoir
« par eux-mêmes à leur subsistance. »

Une vérité aussi banale ne méritait peut-être pas l'honneur d'être
en formule.

L'inutilité de la définition apparaît ici éclatante, aussi bien que
le danger de vouloir immobiliser dans l'étroitesse d'une phrase
une idée dont le sens se déplace tous les jours.

Nous voyons, nous, l'ouvrier dans tout travailleur, quel que
soit son gagne-pain, qui se contentera d'une petite retraite.

Ce n'est pas tel ou tel métier qu'il nous faut considérer, c'est
l'homme au mince salaire, c'est le gagne-petit de toutes les catégories.

Et, comme, en toutes choses, il convient de considérer la fin, nous
déciderons de donner notre intérêt, en vue de la retraite, à tous
ceux dont la vieillesse est condamnée, huit fois sur dix, à finir dans
le besoin.

Partout où il se trouve nous chercherons le travailleur ; dans les
champs, à l'usine, dans son bureau, dans les divers ateliers.

Il suffira qu'il ait besoin de nous pour avoir droit à notre
concours.

Les risques de la vie sont tellement grands pour tout le monde
que décider qu'on est sûr de l'avenir avec 2.400 fr. de salaire, quels
que soient les besoins et les charges, n'est que de l'arbitraire, et
de l'arbitraire compliqué d'injustice.

De quel droit en effet repousser l'ouvrier qui gagne 2.500 fr. ou
3.000 fr. Sera-t-il donc à l'abri, celui-là, quand il aura 60 ans et ne
gagnera plus rien ?

Pourquoi élever de pareilles clôtures qui n'enferment ni ne protégent, qui n'ajoutent rien aux facultés de personne, et laissent en dehors de la loi des catégories de travailleurs fort intéressantes ?

L'OUVRIER ÉTRANGER.

Quand un ouvrier étranger, installé chez nous, voudra verser à la caisse des retraites, pourquoi l'en empêcher ?

On ne saurait le lui interdire s'il y a réciprocité dans la loi de son pays, ce qui se présente dans bien des cas.

A défaut de réciprocité quel inconvénient voit-on à l'accueillir ?

Il est moins stable, peut quitter la France, perdre les cotisations qu'il aura versées ; que nous importe ? Il est juge de ses intérêts, et s'il court des risques c'est à lui de l'apprécier.

Quand nous parlerons plus loin de la cotisation du patron, qui doit se joindre à celle de l'ouvrier, nous verrons, dans le projet de statuts, que le patron doit verser sa cotisation pour l'ouvrier étranger comme pour l'ouvrier français, pour qu'il n'ait pas d'avantages à préférer la main-d'œuvre étrangère.

L'OBLIGATION.

Rendre la prévoyance obligatoire au-dessous d'un certain chiffre de salaire et dispenser de l'obligation celui qui gagne cent francs de plus que ce minimum, n'est guère explicable.

L'obligation est inutile et dangereuse.

En l'imposant aux ouvriers, l'État se l'impose à lui-même. Contraindre à l'assurance, c'est dire que tous ceux qui sont hors d'état de verser une cotisation seront remplacés par le budget dans ce versement.

Ici encore où sera la limite ? Qui discernera l'ouvrier vraiment malheureux de celui qui s'ingéniera à ne pas réserver les quelques décimes nécessaires à la cotisation ?

Le salaire de la plupart des ouvriers est tellement mince, qu'il sera toujours facile d'en démontrer l'insuffisance pour les besoins les plus stricts de la vie.

Et alors c'est le budget de l'État qui payera pour l'ouvrier ou plutôt qui sera censé le faire, car c'est l'ouvrier toujours qui paiera sa cotisation en payant plus d'impôt.

Ce détour est inutile et contraire à l'équité.

Comme l'ouvrier est le premier intéressé à garantir ses vieux jours, comme il profitera le premier de la rente viagère, *c'est lui qui doit le premier travailler à la constitution de cette rente.*

Il y a là une question de morale et de dignité qui s'impose.

Dignité ! Morale ! Viande creuse, a-t-on dit, pour le malheureux dont le maigre salaire suffit à peine à payer le pain de chaque jour.

Ne lui demandât-on qu'un sou sur la pièce qu'il a gagnée dans la journée, c'est trop encore, c'est la tasse de lait du petit enfant, c'est l'aliment indispensable, c'est un prélèvement odieux sur le strict nécessaire.

Nous répondrons à cela qu'il est plus odieux encore de voir mendier dans la rue de vieux ouvriers qui ont travaillé toute leur vie, sans jamais avoir fait d'économies.

On ne réglemente pas d'ailleurs sur des exceptions, car de pareilles misères sont heureusement exceptionnelles, et nous pensons qu'il est infiniment peu d'ouvriers, parmi les plus pauvres, qui n'aient pu, à un moment donné, faire quelque épargne, si minime soit elle, s'ils avaient trouvé à leur porte quelqu'un pour les y aider.

Avoir la pensée que l'État peut donner des retraites sans les tirer de l'impôt payé par tout le monde est une utopie énorme.

Croire que l'impôt, quelle que soit sa forme, peut avoir une autre origine que la bourse de celui qui consomme, c'est encore une erreur.

Il n'est pas de réforme économique qui puisse empêcher un morceau de pain d'être frappé par l'impôt.

Le fruit même dans le verger porte le poids de l'impôt foncier, avant de mûrir.

Quels que soient les programmes politiques, quoi qu'on fasse et quoi qu'on veuille, il n'est pas une personne dans un pays qui puisse être exemptée des lois de la répercussion, et qui ne contribue aux charges publiques.

Ne pas voir ce que l'on paie indirectement ne signifie pas que l'on ne paie rien.

Le renchérissement des denrées indispensables à tout le monde est le premier effet de l'impôt; ne voit-on pas dès lors la conséquence nécessaire des programmes qui demandent à l'État de payer des centaines de millions pour donner gratuitement (!) des retraites.

Qui donc les paiera ces centaines de millions, sinon le pain, le vêtement, la chaussure, la lampe, le meuble, tous les objets de première utilité, indispensables à l'ouvrier comme à tout le monde?

La gratuité qui consiste à donner quatre après avoir pris quatre, plus quelque chose pour les frais d'administration, voilà ce qu'on demande, et voilà ce que ne doivent pas vouloir ceux qui ont le souci de ne pas être leurrés, ni de leurrer personne.

En politique, on se nourrit aisément de mots, de formules et de devises, sans exiger l'idée que les mots expriment.

Nous avons par exemple une loi sur *l'obligation* d'aller à l'école, et il se trouve que des milliers d'enfants ne se trouvent nullement obligés par cette loi, dé; à vieille d'une vingtaine d'années.

Combien y a-t-il d'autres lois également impératives, et tout aussi dépourvues de sanction ?

Est-il donc nécessaire d'en augmenter la liste ?

L'obligation ! Elle sévit en Allemagne depuis quelques années ; on l'y applique à diverses formes d'assurances, y compris l'assurance contre la vieillesse

On ne peut pas dire qu'elle y soit florissante, bien que ce pays ait gardé l'habitude de bien des sortes de tyrannies.

L'expérience de l'obligation y est faite strictement ; elle y est suivie depuis un temps assez long, pour qu'on ait pu en juger les résultats.

Or qu'est-il arrivé ?

La réponse est d'hier, et elle vient de haut : nous la trouvons dans les *Annales du Musée Social* d'avril 1905, page 142, et c'est de la bouche même du vice-chancelier de l'Empire que nous recueillons ce qui va suivre :

Les déclarations qu'il a faites, le 2 mars dernier, devant le Parlement, au sujet du fonctionnement de l'Office des Retraites, ont été sensationnelles et il est bon que nous les connaissions en France.

Voici ses propres paroles :

« Pour se soustraire à l'obligation, d'innombrables personnes simulent des infirmités, qui leur donnent droit à des pensions.

« 152.871 pensions d'invalidité étaient déjà ainsi attribuées en 1903, compromettant la situation de la Caisse de telle sorte que les cotisations ont dû être élevées de 4,50 0/0.

« Des révisions ont eu pour effet de réduire le nombre des allocations de rentes.

« Je persiste à espérer, dit le vice chancelier, *sans pouvoir offrir « aucune garantie*, que les Caisses régionales pourront, sans aug- « mentation du taux des cotisations, faire face à leurs engage- « ments.

« *Mais la constitution actuelle de notre législation sociale ne « peut être indéfiniment maintenue.*

« Messieurs, nous avons édifié un colosse, l'Office Impérial des « Assurances. Les affaires dont il a la responsabilité s'accroissent « dans des proportions qui finissent par m'inquiéter. L'Office a « sans cesse à lutter avec d'énormes arriérés, malgré le zèle et le « dévouement de ses fonctionnaires...

« Nous avons tout en haut un édifice gigantesque, l'Office Impé- « rial, mais cet édifice n'a en réalité, pas de bases, pas de fondations. « On a purement et simplement mis sur le dos des autorités exis- « tantes la charge écrasante de l'exploitation quotidienne des lois « sociales »,

Comme conclusion l'orateur propose la création « d'un système « d'agents inférieurs, chargés d'appliquer la loi dans des circon- « scriptions peu étendues, d'examiner sur les points de fait toutes

« les demandes, de diriger la perception des cotisations, de surveil-
« ler les pensionnés, en un mot des administrations ou offices
« spéciaux de politique sociale, qui seraient les organes locaux de
« cette politique.

« Pour bâtir un tel édifice, Messieurs, il faudrait presque dispo-
« ser de la toute-puissance d'un dictateur...

« On ne pourra résoudre le problème que s'il se trouve un Par-
« lement disposé, le jour où lui serait présenté un tel projet de loi
« sur la matière, à renoncer à l'examen de tous les détails et à
« adopter au contraire avec confiance les clauses principales du
« projet, pour laisser à l'avenir le soin de perfectionner le sys-
« tème. »

Voilà les conséquences de l'obligation en Allemagne.

Aux visiteurs paisibles de nos sociétés de secours mutuels on
substituerait des milliers de fonctionnaires, pour une fonction plus
que délicate.

On verrait naître chez nous une sorte nouvelle d'inquisiteurs
d'État, dressés doctement à soupeser la sincérité d'un rhumatisme,
ou le degré de surdité qui dispensera des cotisations pour ouvrir
le droit aux secours d'invalidité.

Quels beaux jours pour la fraude, la fraude qui, pour certains,
devient une vertu si elle s'exerce contre le budget de l'État !

Pouvons-nous donc être jaloux d'imiter ce colossal office alle-
mand qui ne peut plus se remuer tant il devient lourd, et qui,
dans la gêne de ses mouvements, n'arrive pas à se débarrasser de
ses parasites !

Nous demandons grâce ; qu'on nous laisse un peu d'air, un peu
d'aisance dans les allures. La bonne hygiène sociale l'exige. Nos
services d'État manquent assez de souplesse déjà pour qu'on ne les
surcharge pas davantage.

Pour le moment nous avons un peu de sécurité ; les partisans de
l'obligation ne pouvant nous l'imposer.

Aucune loi ne leur permet encore d'embrigader les Français par
escouades, sous le coup et la menace d'une férule nouvelle.

Ce nouveau service obligatoire nous sera épargné, nous en avons

l'espoir, et nous constituerons quand même des retraites pour tout
le monde.

'On raconte que Giffard, l'inventeur, cherchant les moyens d'ali-
menter en eau, sans le secours de la pompe, les chaudières géné-
ratrices de vapeur, avait imaginé un mécanisme fort ingénieux,
mais d'une complication extrême, qui vola en éclats dès la première expérience.

L'inventeur navré contemplait les débris de son appareil, quand
il vit qu'un jet de vapeur, s'échappant avec force d'un tuyau rompu,
suffisait, sans aucune mécanique, à pousser l'eau dans la chau-
dière.

L'injecteur Giffard était inventé et il a fait fortune.

Gardons nous de même des mécanismes savants, inutiles et
compliqués.

Ils coûtent cher et font sauter les machines.

ORGANISATION ACTUELLE DES PENSIONS
DE RETRAITE.

Si nous sommes obligés de construire, nous aurons des voisins.

Le terrain n'est pas neuf. On y voit déjà des bâtisses nombreuses, plus ou moins anciennes, plus ou moins habitées.

Nous allons les visiter.

La plupart sont fort habitables, et il ne saurait être question de
les démolir mais bien plutôt de les utiliser, beaucoup mieux qu'on
n'a fait jusqu'ici.

CAISSE NATIONALE DES RETRAITES.

Cet établissement, organisé par les lois des 18 juin 1850 et 20 juillet 1886, fonctionne, comme service d'État. Il est géré par le directeur de la Caisse des dépôts et consignations.

Il est ouvert à toute personne qui veut se constituer une retraite dans la limite d'un maximum de 1.200 francs.

Des barêmes donnent l'échelle des cotisations, suivant l'âge des personnes, l'importance de la retraite et les conditions du placement, à capital réservé ou à capital aliéné (1).

Ces barêmes indiquent par exemple la rente viagère produite par le versement unique d'un franc.

Les mêmes tableaux donnent parallèlement les moyens de connaître la somme à verser annuellement, à capital aliéné ou à capital réservé, pour obtenir une rente viagère déterminée.

L'intérêt composé des sommes versées est calculé sur le taux de 3,50 %, qui est avantageux, puisqu'il dépasse le taux actuel du rendement de l'argent.

Toutes les perceptions et tous les bureaux de poste, c'est-à-dire des milliers de guichets en France, délivrent des livrets de la Caisse Nationale des Retraites, et reçoivent les versements. Les formalités sont relativement simples (2).

Néanmoins elles sont encore excessives, et le nombre des personnes qui ont recours à cet établissement est des plus minimes.

L'ouvrier notamment n'en franchit jamais le seuil.

L'écriteau d'émail bleu et blanc *Caisse Nationale des Retraites* n'a pour lui aucune éloquence.

On lui offre à toutes les vitrines tant de marchandises qu'il ne peut pas acheter !

Comment d'ailleurs pourrait-il imaginer qu'un percepteur est

_____

(1) On trouvera un extrait suffisant de ces barêmes un peu plus loin dans cette brochure.

(2) Dans l'Aisne on compte 100 perceptions et 171 bureaux de poste ou de facteurs receveurs.

capable de rendre, à l'occasion, de l'argent, plus d'argent même qu'on ne lui en a versé !

L'éducation de l'ouvrier sur ce point, est complètement à faire et celle de bien d'autres personnes.

Il n'est pas trop tôt de la commencer dès l'école.

Pourtant, quoi qu'on fasse, la Caisse nationale restera ce qu'elle est, un peu inabordable.

Cette institution d'État se meut dans la rigueur de ses réglementations.

Gérée par des fonctionnaires responsables, toujours inquiets de leur sécurité personnelle, elle accueille ceux qui se présentent mais s'abstient d'aller au devant d'eux.

Elle renseigne, parfois sans beaucoup de bonne grâce, les rares clients qui affrontent ses guichets et ne les encourage nullement à revenir.

Mais il est possible de supprimer tout contact direct. Des intermédiaires bienveillants peuvent être choisis, dont les bons offices seraient infiniment précieux.

Nous en parlerons dans un instant.

La lettre ci-après de M. le Trésorier-Payeur général et les tableaux qui la complètent vont nous renseigner sur le fonctionnement de la Caisse dans le département.

« Laon, le 8 juin 1905.

« *Le Trésorier-Payeur Général*
« *à Monsieur le Préfet de l'Aisne.*

« J'ai l'honneur de vous adresser les renseignements que vous
« avez bien voulu me demander sur les résultats obtenus actuelle-
« ment dans notre département par la Caisse Nationale des
« Retraites pour la Vieillesse.

« Afin d'approcher le plus possible de la réalité, j'ai fait relever
« toutes les opérations effectuées dans le département pendant la
« dernière année écoulée, 1904.

« Mais, malgré le soin apporté à ce dépouillement, je ne puis,
« en ce qui concerne le nombre des livrets en cours de constitution

« appartenant à des habitants de l'Aisne, vous donner qu'un
« chiffre forcément très inférieur au chiffre réel. Il y a à cela deux
« raisons : la première, c'est que les déposants directs ayant la
« faculté de suspendre leurs versements pendant une ou plusieurs
« années, un certain nombre d'entre eux en ont certainement
« profité pendant l'année écoulée ; la seconde, c'est que de très
« nombreux versements nous échappent : je veux parler de ceux
« qui sont effectués à Paris, à la Caisse Nationale même, par les
« grandes Compagnies de chemins de fer ou autres sociétés, pour
« leurs agents et ouvriers de l'Aisne ; je citerai la Compagnie du
« Nord, celle de l'Est, celle du Chemin de fer de Saint-Quentin à
« Guise, celle de la Manufacture de Saint-Gobain, la Maison Piat
« de Soissons, etc.

« Quel est le nombre de ces livrets ? Il m'est impossible de vous
« donner un chiffre ; pour être fixé, il faudrait s'adresser aux
« compagnies elles mêmes.

« Quoi qu'il en soit, le nombre des livrets sur lesquels ont été
« effectués en 1904 des versements individuels ou collectifs, aux
« Caisses publiques de l'Aisne, s'est élevé à 9.021.

« Quant aux livrets clos, c'est-à-dire pour lesquels des titres de
« rentes viagères sont délivrés, ils étaient au 1er décembre 1904, au
« nombre de 6.194 et intéressaient 7.512 rentiers, dont 4.432 hom-
« mes et 3.080 femmes ; les arrérages payés en 1904 sur ces titres
« ont atteint francs : 917.959 ; soit une moyenne par titre de 122
« francs.

« Les livrets possédés par des personnes habitant le département
« étaient donc, à la fin de 1904, au nombre de 15.815 et cela, non
« compris ceux entre les mains des compagnies et sociétés dont il
« a été parlé plus haut.

« Ci-joint trois tableaux présentant classés par catégories diver-
« ses les renseignements recueillis.

« DE GRÉTRY. »

LIVRETS EN COURS DE CONSTITUTION
D'APRÈS LES VERSEMENTS EFFECTUÉS EN 1904.

(Versements directs individuels).

Arroudissement de Laon . . 354 { déposants mariés . 224
soit . . . . 112 livrets,
déposants céliba-
taires, veufs, etc. 242
soit . . . . 242 livrets.

–– de Château-Thierry 57 { déposants mariés .
déposants célibatai-
res, veufs, divorcés.

— de Saint-Quentin . 116 { déposants mariés .
déposants célibatai·
res, veufs, divorcés.

— de Soissons . . 64 { déposants mariés .
déposants célibatai-
res, veufs, divorcés.

— de Vervins . . 75 { déposants mariés .
déposants célibatai-
res, veufs, divorcés.

Total . . . 666

LIVRETS EN COURS DE CONSTITUTION
D'APRÈS LES VERSEMENTS EFFECTUÉS EN 1904.

(Versements collectifs).

Arrondissement de Laon.

Employés municipaux de Laon .	56	100 déposants mariés.	
Gardes forestiers communaux .	17	32	—	—
Employés de la trésorerie générale	12	12	—	—
Employés des contributions directes	3	3	—	—
Employés civils des établissements militaires	30	6	—	—
Cantonniers	324	604	—	—
Société de Cilly : La Solidarité .	30	40	—	—
Société de La Neuville-Bosmont.	16	24	—	—
Société des caoutchoutiers Chaunois.	64	114	—	—
Société de Danizy	37	26	—	—
Mutualités scolaires	3.028	»	»	»
Livrets donnés par M. Chayrou, sous-intendant militaire. . .	24	»	—	—
Total. . .	3.641			

Arrondissement de Château-Thierry.

Employés municipaux de Château-Thierry	2
Porteur de contraintes. . . .	1
Cantonniers.	120
Caisse mutuelle agricole . . .	17
Mutualités scolaires	1.569
Total. . .	1.709

Arrondissement de Saint-Quentin.

Porteurs de contraintes . . .	2
Cantonniers.	170
Crédit Lyonnais.	31
Mutualités scolaires	1.718
Total. . .	1.921

Arrondissement de Soissons.

Cantonniers.	147
Cie du gaz de Soissons. . . .	8
Adultes : La Semeuse. . . .	7
Mutualités scolaires	850
Total. . .	1,021

Arrondissement de Vervins.

Cantonniers.	170
Mutualités scolaires	493
Total. . .	663

Récapitulation.

Arrondissement de Laon	3,641
— de Château-Thierry.	1,709
— de Saint-Quentin. .	1,921
— de Soissons . . .	1,021
— de Vervins. . . .	663
Total. . .	8,955 livrets (versements collectifs).

RENTES VIAGÈRES PAYÉES EN 1904.

Nombre des livrets. . . . . 6.104.
Nombre des rentiers . . . . 7.512.
Montant des arrérages payés. . . 917 950 fr.
Moyenne des rentes par titre. . . 122 fr.

NOTA. — Les 7.512 rentiers se partagent entre 3.432 hommes et 3.080 femmes ; — La Trésorerie générale n'a aucun élément lui permettant d'indiquer la profession des rentiers.

LA CAISSE D'ÉPARGNE.

La Caisse d'Épargne est un intermédiaire tout indiqué entre les déposants et la Caisse Nationale des Retraites.

C'est la banque familière des petites bourses. Les opérations simples qu'on y fait leur suffisent.

On y dépose de l'argent ; on l'en retire suivant les besoins. Quand le dépôt excède une certaine somme, la Caisse achète de la rente au compte du déposant.

Tout le monde sait comment fonctionnent ces Caisses, et, dans le département de l'Aisne, près de 140.000 personnes en font constamment l'expérience pour leur propre compte.

Nous avons dit ailleurs que, dans l'Aisne, plus du quart des habitants (un habitant sur 3,89), avaient un compte ouvert à la Caisse d'Épargne.

Or, une des opérations fort peu connues, — et jamais pratiquée, — des Caisses d'Épargne, consiste à prélever sur le compte courant des déposants, et à leur demande, les sommes qu'ils désirent verser à la Caisse des Retraites.

Voici le texte du décret qui autorise l'opération :

Décret du 15 avril 1852 (Instruction sur les Caisses d'Épargne).

« Art. 54. — *Les Caisses d'Épargne sont aptes*, aux termes de la loi du 18 juin 1850, *à servir d'intermédiaires entre leurs déposants et la Caisse de retraites pour la vieillesse.* Elles exercent à cet égard leur entremise, non pas comme préposées de la Caisse de retraites, mais comme mandataires de leurs propres déposants. Par conséquent, elles ne peuvent, en aucun cas, prêter leurs bons offices pour verser à la Caisse de retraites des sommes qu'elles-mêmes n'auraient pas, au préalable, prises en charge dans les formes et sous les conditions qui leur sont imposées pour la réception de tout dépôt ; mais *elles sont appelées à satisfaire à la demande des déposants, lorsqu'ils requièrent le versement à la Caisse de retraites.*

*de la totalité ou d'une partie des sommes qui se trouvent portées
à leur.compte courant individuel...*

« Art.55.— Tout déposant qui demande à verser pour la première
fois à la caisse de retraites, doit signer une déclaration conforme
à l'un des modèles déterminés à cet effet par la Caisse des dépôts
et consignations. »

Voilà donc le titulaire d'un livret de Caisse d'épargne muni de
facilités particulières pour verser en vue.de sa retraite.

Inutile de retirer de l'argent, de le porter d'une caisse dans une
autre, en risquant de le perdre en route. Inutile de passer de longs
et précieux quarts d'heure devant des guichets rébarbatifs

L'ouvrier qui apporte l'économie du mois à la Caisse d'Épargne
n'a qu'à signer une déclaration dont la formule est toute prête, et
la somme qu'il aura décidé d'épargner pour une rente viagère pas-
sera automatiquement à son nouveau compte.

« Les caissiers des Caisses d'Épargne sont approvisionnés de
tous les documents nécessaires pour renseigner le public sur le
fonctionnement et les avantages offerts par la Caisse Nationale des
retraites pour la vieillesse, » ... mais ils ne les utilisent pas.

On a attribué, en 1902, 6 médailles d'argent et 88 médailles de
bronze aux personnes qui se sont signalées par leur bonne propagande, et nous serions fort heureux de constater qu'une au moins
de ces récompenses ait pu être donnée dans le département de
l'Aisne.

Mais nous avons cherché en vain qui en aurait pu en être l'heureux titulaire

Nous voulons croire que la résistance des intéressés est supérieure à l'effort des propagandistes, car nous avons eu le regret de
constater que *pas un seul déposant depuis quinze ans* n'a demandé
qu'on fît de transfert en son nom à la Caisse des retraites.

Sur ce point nous n'en dirons pas davantage, mais nous sommes
assurés que, le mal étant connu, — et par tous les moyens nous le
ferons connaître, — il y sera désormais porté remède.

Les victimes de cette inertie ce sont les ouvriers.

La Caisse d'Épargne leur donne 3 0/0; tandis que la Caisse des retraites capitalise à 3,50 0/0.

Aidée de la mutualité la cotisation pour la retraite fait boule de neige, non plus à 3 0/0, ni 3,50 0/0, mais à 4,50 et même bien davantage.

Qui donc, sur ce point, a renseigné jusqu'ici les ouvriers? Personne.

Il est facile évidemment de les blâmer quand, leur quinzaine en poche, ils vont grossir la rente viagère du marchand d'alcool.

Il serait préférable de les instruire, et de comprendre qu'avec la meilleure volonté du monde, l'économie est difficile au plus sage, si on n'amène pas jusqu'à sa porte les moyens de sauver son épargne.

Si la Caisse d'épargne est à dix kilomètres et le cabaret à deux pas, la pièce de vingt sous ira au cabaret.

Si jamais l'on pouvait obtenir pour les institutions d'épargne les facilités dont jouissent et abusent les maisons d'alcool, les permissions de nuit deviendraient bientôt inutiles.

Nous sommes fort loin de cet idéal; raison de plus pour marcher.

CAISSE D'ÉPARGNE POSTALE.

Tous les bureaux de poste sont ouverts au service de la Caisse nationale d'épargne, qui délivre gratuitement des livrets (Loi du 9 avril 1881).

Il y a ainsi dans l'Aisne 171 guichets, ouverts tous les jours aux déposants, 148 bureaux et 23 facteurs receveurs.

L'intérêt servi est de 2,50 0/0.

Le nombre des livrets dans le département monte à 995, ce qui est fort peu. La mutualité scolaire est presque la seule cliente : elle a pris plus de 700 livrets dans le premier trimestre de cette année. Exactement 719.

La Caisse d'épargne postale, comme les Caisses d'épargne locales, peut aussi verser à la Caisse des retraites, sans déplacement de fonds. Le public, ne le sachant pas, use très peu de cette facilité.

LES SOCIÉTÉS DE SECOURS MUTUELS.

Les Sociétés de secours mutuels reçoivent de leurs membres, participants ou honoraires, des cotisations qui permettent de donner des soins en cas de maladie, des médicaments, quelques petits secours, et de payer les frais de funérailles.

Un certain nombre de sociétés s'occupent aussi de constituer des retraites à leurs adhérents, surtout depuis la loi de 1808 qui a donné un grand essor à la mutualité.

La moyenne de ces retraites est de 43 fr. ; les plus élevées ne dépassent pas 101 fr., et celles-ci sont encores rares.

La loi de 1898 est loin d'ailleurs d'être parfaite et définitive.

L'insuffisance en a vite été constatée et déjà un projet a été rédigé pour l'améliorer.

Ce projet, soumis au Conseil supérieur de la mutualité, a été adopté sur le rapport de M. Lourties, sénateur.

Les mutualistes font en ce moment, dans la presse, dans les conférences, une campagne énergique contre le projet de loi sur la Caisse des retraites qui va être soumis au Parlement.

Ils estiment que cette loi, si elle est votée, tuera la mutualité.

Il est à craindre tout au moins qu'elle n'en diminue les services.

La partie retraites, dont s'occupe activement la mutualité, court le risque de disparaître, et il faudrait le regretter.

Néanmoins il convient de relever que les Sociétés de secours mutuels sont loin aujourd'hui d'être à même d'assurer seules le service des pensions de retraites.

Celles qui s'en occupent s'en tiennent encore, pour la plupart, à la cotisation unique, quel que soit l'âge du participant, et encore cette cotisation, toujours très faible relativement, doit-elle servir tout d'abord aux autres prestations dont les sociétés ont la charge en première ligne : maladies, médicaments, etc.

La retraite ne vient qu'ensuite ; ce qui reste sert à la constituer.

D'autre part, le rayon d'action de la mutualité est loin d'être étendu. Il y a dans toutes les communes des clients désignés pour la Caisse des retraites, tandis que les mutualités manquent à peu près partout.

Dans l'Aisne nous avons seulement 185 sociétés qui fonctionnent dans 124 communes, 18 villes et 106 communes rurales.

Sur nos 841 communes 717 ignorent totalement les bienfaits de la mutualité.

Pour 540.000 habitants on ne compte chez nous que 32.184 mutualistes, sur lesquels 11.448 sont des enfants inscrits à la mutualité scolaire.

Le nombre des sociétaires varie de 2.779 à 2. L'importance moyenne d'après le nombre total des membres est de 174, dont 144 participants et 20 honoraires.

33 sociétés seulement ont plus de cent membres participants.

En somme, *les neuf dixièmes du département*, plus de 500 000 habitants, *restent en dehors de la mutualité*, par indifférence ou par ignorance, plus que par hostilité.

C'est à peine si les pensions liquidées chaque année s'élèvent à une centaine pour tout le département.

On voit combien les mutualistes ont raison de demander qu'on les laisse vivre ; combien d'ouvriers sont privés de ce mode d'assistance, et combien fait défaut presque partout le concours de la population aisée qui fournit aux sociétés de secours mutuels leurs membres honoraires.

Ce concours et cet exemple, plus peut-être encore que la contribution en argent, aideraient à des rapprochements sociaux infiniment désirables.

Sans doute il n'est pas besoin d'une société de secours mutuels pour que ceux qui le peuvent aident leurs voisins dans la gêne ; on concèdera pourtant que tout vaut mieux que l'assistance qui se manifeste seulement sous le couvert de la charité.

Dans l'état actuel, les sociétés de secours mutuels nous serviraient donc fort peu pour constituer le service des retraites, si nous voulions nous en tenir aux groupements déjà formés.

Nous aurons besoin de leur aide.

Elles auront plus besoin de nous encore et l'entente entre nous sera facile, en raison de notre intérêt réciproque, en raison aussi de ce que nous parlerons la même langue, notre pensée bien assise étant que la forme mutualiste est seule capable de donner le plus grand rendement dans la constitution des retraites ouvrières.

DANS TOUTES LES COMMUNES NOUS AURONS DES POR-TEURS DE LIVRETS ET TOUS SERONT DES MUTUALISTES.

UNION DÉPARTEMENTALE MUTUALISTE.

Indiquons ici brièvement qu'il existe en France 65 Unions départementales mutualistes. 51 départements en ont une seule ; 5 en possèdent 2 ; le département de la Seine en compte 4.

Il existe en outre, au 31 décembre 1904, 6 unions interdépartementales, 3 à Paris, 1 à Rouen pour la Seine-Inférieure et l'Eure, 1 à Saint Étienne pour la Loire et la Haute-Loire, et 1 à Nîmes, pour le Gard, l'Ardèche, l'Aveyron, l'Hérault, la Lozère et Vaucluse.

Dans l'Aisne nous comptons voir naître l'Union départementale à bref délai. Elle va devenir indispensable.

STATISTIQUE DE LA MUTUALITÉ DANS L'AISNE

AISNE. — Sociétés de Secours Mutuels. — Retraites.

Nombre de pensions liquidées en 1903 :   69

Minimum de la pension :   25 fr. »
Maximum   101 fr. »
Moyenne   43 fr. 13

Sur 185 sociétés,
122 s'occupent de retraites :
99 d'adultes ;
23 scolaires.

Nombre de participants :   22.958
Hommes   8.936
Femmes   2.184
Enfants   11.838

dont 11.448 appartenant aux sociétés scolaires.

	Avoir total du fonds commun de retraites.	Rang du département — eu égard au fonds du retraites
1860	12.900	66
1870	122.602	42
1880	346.526	24
1890	780.732	22
1901	1.402.880	22

LA MUTUALITÉ SCOLAIRE.

L'affirmation qui termine le chapitre précédent sur la Mutualité ne saurait être vaine. La preuve en est déjà dans la multiplication des associations scolaires qui recueillent le sou hebdomadaire de maladie et le sou de retraite.

Dans 670 de nos communes, la mutualité existe déjà sous cette forme.

Les parents n'ont pas encore songé à s'associer eux-mêmes, que déjà leurs enfants, formés en groupe, se donnent mutuellement des secours de maladie et économisent pour la retraite.

Depuis quatre ans, 17.834 enfants ont été inscrits à la mutualité des écoles. C'est peu encore, étant donné le nombre considérable des enfants d'âge scolaire, mais ce chiffre dépasse déjà la moitié du nombre total des mutualistes dans le département.

On appelle ces associations « *les petites Cavé* ».

« C'est M. Cavé en effet qui a créé la première mutualité scolaire, en 1881, dans le 19e arrondissement.

« Après avoir initié les écoles de Paris au mécanisme d'une mutualité, M. Cavé entreprit une active propagande en province pour répandre ce qu'on pourrait appeler son heureuse découverte. Il remporta un véritable succès puisque maintenant les mutualités scolaires dépassent le chiffre de 4.080 englobant 13.000 écoles et plus de 700.000 enfants. Toutes se proclament ses filles, et sont fières du nom par lequel on les désigne couramment « Les petites Cavé ».

« Elles fonctionnent d'une manière très simple : toutes les semaines l'écolier mutualiste apporte deux sous à son instituteur, trésorier et secrétaire dévoué de la société.

« Il est fait deux parts égales de chaque versement : l'une est destinée à payer une indemnité journalière à l'enfant s'il devient malade ; l'autre est versée à la Caisse nationale des retraites pour constituer une retraite au mutualiste à un âge déterminé.

« Dès que l'enfant tombe malade, les parents n'hésitent plus ; ils font appeler le docteur et vont chercher les médicaments prescrits.

Ils savent que l'indemnité allouée par la Mutualité couvrira les frais de maladie. C'est, en effet, ce qui arrive d'ordinaire.

« Les enfants pauvres s'en trouvent mieux soignés.

« D'autre part, l'État versant à chaque société de secours mutuels 1 fr. par tête de sociétaire, plus le quart du versement effectué au fonds commun, c'est lui, en somme, — comme il ressort de la gestion des « Petites Cavé » — qui paie l'indemnité que reçoivent les parents des enfants malades.

« Les écoliers mutualistes, par suite, à la fin de l'année, voient inscrire sur leur livret individuel de la Caisse nationale des retraites les 5 fr. 20 qu'ils ont apportés à leur instituteur, deux sous par deux sous, chaque semaine.

« Ainsi « les Petites Cavé », grâce au gouvernement, soignent gratuitement leurs malades et emploient la totalité des versements effectués par leurs adhérents à constituer des retraites pour le compte de chacun d'eux.»

Ceux qui sortent de l'école, leurs petites études terminées, continuent leur épargne, et dans le premier trimestre de cette année 1905, il a été pris au nom de ces enfants 719 livrets à la caisse des retraites dans les bureaux de poste.

On ne saurait parler des « Mutualités scolaires » sans rappeler la part considérable de M. Edouard Petit, Inspecteur Général de l'Enseignement primaire, dans la propagation des Mutualités scolaires.

En venant au monde, les « Petites Cavé » ont eu la bonne fortune de trouver à leur berceau ce missionnaire infatigable.

Elles ont eu en lui le meilleur des parrains, un grand frère, à la parole souriante et persuasive, et toujours de bonne humeur.

Nous ne donnerons pas la liste des cantons où la mutualité scolaire a pris le plus de développement, bien que ces cantons le méritent.

Nous craindrions, en le faisant, d'humilier les autres, ce qui ne servirait à rien. Il vaut mieux les encourager en montrant dans l'état suivant le résultat considérable obtenu par ces petites associations et leur décime hebdomadaire, en moins de quatre années.

Situation générale des Mutuelles Scolaires au 31 décembre 1904

En caisse.	9.501,83
En compte-courant	33.005,27
Au fonds commun	69.165,32
Livrets individuels de retraite . .	100.864,55
Secours distribués	39.079 40
	200.516,37

Depuis la fondation, il a été fait des versements sur *15.459 livrets de retraite*.

L'aîné de ces futurs rentiers n'a pas 15 ans.

Ne sentez-vous pas l'absolue nécessité d'une organisation qui assure la suite de ce premier et considérable effort.

Suivant ce que nous aurons fait, la plupart de ces livrets, que ne surveille plus l'instituteur, auront reçu leur dernier versement à la sortie de l'école ou continueront à recevoir l'épargne des jeunes gens.

Ne vient-il pas tout de suite à l'esprit que par l'effet des intérêts composés, la somme annuelle à verser pour une pension commencée dès l'âge de l'école devient insignifiante.

Voici des chiffres :

Le versement unique d'un franc par un homme de quarante ans donne, à 65 ans, un revenu viager de 0 fr. 4167.

Si le même versement est fait à 20 ans la rente viagère monte à 0 fr. 9727.

Si enfin le franc unique est versé par un enfant de six ans, la rente à 65 ans est de 1 fr. 0842, à capital aliéné.

Les pères de famille pourront méditer sur ces indications.

ASSOCIATIONS LIBRES DIVERSES.

Nous dirons quelques mots seulement des associations de plus en plus nombreuses qui travaillent librement, avec ou sans contrôle, à faire fructifier les capitaux de leurs adhérents.

Les unes s'occupent simplement de capitaliser les versements à intérêts composés, en ajoutant à cette épargne le bénéfice collectif de placements avantageux, des remboursements avec prime, des lots sortis aux tirages, etc.

D'autres constituent, en un temps plus ou moins court, des pensions de retraite, en application de statuts et de barêmes infiniment variés.

Les personnes engagées dans ces opérations diverses en tireront ce qu'elles contiennent. Le temps, souverain maître de toutes choses, jugera tout seul, et assez vite, si certaines de ces sociétés qui montent chaque jour plus haut vers le ciel, ne courent pas le risque de crouler sous le poids même de leur prospérité.

Les bons architectes calculent toujours la résistance du sol et tiennent au bon établissement des fondations.

Les imprudents, et les audacieux, fondent sur le sable et vont au devant des catastrophes.

Sans en nommer aucune, nous avons le devoir de constater que certaines de ces associations sont bien conçues, rationnellement conduites et donnent des résultats sérieux.

Quelques-unes même reçoivent leur part des subventions de l'État et le méritent.

Presque toutes ont dans le département de l'Aisne des adhérents, isolés, ou répartis en des groupements plus ou moins nombreux.

PROJET D'ORGANISATION.

Voici quelques grandes organisations départementales :

. Le département de la Meuse possède depuis le 16 novembre 1805 une Caisse des Incendiés, administrée par le Conseil général, sous la direction du préfet.

Cette caisse mutuelle a donné de tout temps les meilleurs résultats. Les primes sont réduites au minimum et pas une société d'assurances ne peut lutter contre ses tarifs.

Après un siècle de fonctionnement la caisse a des réserves solides.

En 1904 l'intérêt des fonds placés à son compte a été de 148.000 francs, et le produit de ses immeubles de 33.000 fr.

Ce revenu total représente plus de cinq millions de réserves.

Plus près de nous encore, dans la Marne, fonctionne une assurance départementale qui s'occupe aussi d'incendie.

Elle est plus ancienne que celle de la Meuse puisqu'elle remonte à 1774. Elle a 3 200.000 fr. de réserves au 9 juin 1905.

Les tarifs sont très bas et l'assuré fait de plus l'économie du prix de la police, des frais de timbre, d'enregistrement, d'avenant, de plaque, etc., etc.

De 1890 à 1902 le montant des primes recueillies a progressé de 173.212 fr. à 418.868 fr.

L'administration de cette caisse est assurée par les soins d'un bureau, composé en grande partie de conseillers généraux.

Le préfet est président du conseil d'administration.

Le département de l'Aisne ignore ces institutions bienfaisantes.

A Saintes fonctionne, depuis dix ans, une Caisse départementale agricole de retraites pour les ouvriers ruraux.

Elle a été fondée par le Syndicat Général des Comices et Syndicats agricoles du département de la Charente-Inférieure.

Les associations agricoles du département de l'Aisne ne sont pas réunies en Syndicat Général.

Il existe dans l'Aisne, sans titre légal, un Comité départemental de l'Agriculture, qui fonctionne de façon intermittente. Il s'est occupé à certaines époques, des intérêts généraux de la culture, compromis dans diverses crises.

La crise de la main-d'œuvre, qui naît de la dépopulation des campagnes, est intimement liée à la question des retraites ouvrières, qui mériterait par conséquent d'attirer l'attention de ce Comité.

Si l'on jugeait inutile de le reconstituer pour cet objet spécial, nous verrions le remède dans l'activité des comices d'arrondissement, dans leur rivalité même à prendre le premier rang dans l'organisation nouvelle.

Si les comices se disputent entre eux l'honneur d'assurer le succès de la Caisse des retraites ouvrières, nous n'y verrons que des avantages.

Les exemples ci-dessus, pris sur le vif, témoignent assez de ce qu'on peut faire en matière d'assurance, en prenant pour cadre le département, et pour outillage, l'organisation administrative elle-même.

C'est dans ce cadre que nous allons placer notre projet, que nous allons le construire avec les matériaux réunis déjà à pied d'œuvre.

L'appareillage est à peu près terminé dès maintenant.

Si l'assemblage paraît offrir certaines difficultés, ce sera à la commission de les résoudre.

En 1886, M. Jaurès proposait d'assurer le bénéfice des retraites aux ouvriers de toutes les industries groupés par canton *en Société de secours mutuels*.

La même année, deux autres membres de la Chambre, MM. de Mun et Freppel, déposaient un projet qui réunissait aussi les travailleurs en *Associations mutualistes*.

Aux élections législatives de 1902, M. Léon Bourgeois, dans son programme aux électeurs, « concevait l'institution des retraites

« ouvrières avec le concours du travailleur, du patron et de l'État,
« et en utilisant *de la manière la plus large les Sociétés de secours*
« *mutuels.*

Le Congrès mutualiste de Nantes a voté le même principe.

Enfin M. Waldeck Rousseau était d'avis, qu'en supposant le
principe de l'obligation établi, il convenait que chacun restât libre
dans les moyens, dans les divers systèmes de retraite en présence :
Caisse de l'État, *Sociétés de secours mutuels,* Caisses syndicales
ou patronales, etc.

Quel est sur ce point l'avis des 7664 associations professionnelles
que la Chambre a consultées sur la même question il y a'quelques
années ? Personne n'en sait rien, puisque plus des deux tiers de
ces associations se sont abstenues de répondre, 2280 seulement
ayant fait connaître leur avis.

On peut dire que cette enquête n'a pas été concluante, et qu'il
reste indiqué, quel que doive être le vote plus ou moins prochain
des Chambres sur les projets qui vont être discutés, de chercher la
solution dans l'idée de Waldeck Rousseau :

LIBERTÉ DES MOYENS

Voici en conséquence le système que nous soumettons à l'étude
de la commission :

Il est basé sur l'association mutuelle, et sur l'utilisation des services publics dès maintenant consacrés à la création des Pensions
de retraite.

Nous allons le formuler en détail dans les statuts ci après, nous
réservant d'expliquer par la suite chacune des dispositions proposées.

CAISSE DÉPARTEMENTALE
DES
RETRAITES OUVRIÈRES.

PROJET DE STATUTS

Chapitre Ier.

FORMATION ET BUT
DE LA SOCIÉTÉ.

Art. 1er. — Une Société de Secours Mutuels est établie dans le département de l'Aisne sous le nom de CAISSE DÉPARTEMENTALE DES RETRAITES OUVRIÈRES.

Son siège est au chef-lieu du département.

Elle a pour but :

1° De constituer des pensions de retraites garanties à ses membres participants.

2° De servir, dans les conditions ci-après exposées, diverses allocations aux participants dans le besoin.

3° D'allouer des secours aux ascendants, au conjoint, ou aux orphelins de leurs membres participants décédés.

Chapitre II.

COMPOSITION DE LA SOCIÉTÉ.
CONDITIONS D'ADMISSION

Art. 2. — La Société comprend des Membres bienfaiteurs, des Membres honoraires et des Membres participants.

Art. 3. — Sont inscrites au Livre d'Or des *Membres Bienfaiteurs* les personnes qui, par des donations importantes, ou par la valeur exceptionnelle de leur collaboration, ont mérité que leur nom soit conservé.

Art. 4. — Les *Membres Honoraires* sont ceux qui, par leurs souscriptions, contribuent à la prospérité de la Société sans participer à ses avantages.

Le minimum de la cotisation annuelle des membres honoraires est fixé à vingt francs.

Art. 5. — Parmi les membres honoraires figurent en première ligne les patrons, ou chefs d'industrie, qui, par une clause librement discutée et consentie du contrat de travail, auront accepté de verser, de leur côté, au livret de chacun de leurs ouvriers titulaires d'un livret, une somme égale à sa cotisation statutaire.

Art. 6. — Les *Membres Participants* sont ceux qui ont droit à tous les avantages assurés par l'Association, en échange du paiement régulier de leur cotisation.

Art. 7. — Les femmes et les enfants peuvent faire partie de la Société. S'ils sont membres participants, il leur est délivré des livrets individuels.

Art. 8. — Les Membres participants et les Membres honoraires sont admis à la majorité des voix par le bureau chargé de l'administration de la Société.

Art. 9. — Pour être admis à titre

de membre participant le candidat doit remplir les conditions suivantes :

1° Avoir son domicile , son travail ou son emploi dans le département de l'Aisne et y travailler depuis un an au moins.

2° N'avoir subi aucune condamnation infamante.

Art. 10. — L'admission des ouvriers étrangers sera prononcée dans les conditions des traités de réciprocité, s'il en existe.

A défaut de traité, l'ouvrier étranger sera admis sous la condition expresse que son patron aura consenti à verser pour lui à la Caisse des retraites, une contribution égale à la cotisation statutaire.

Art. 11. — Cette cotisation sera exigible des patrons qui auront adhéré aux présents statuts avant même que l'ouvrier étranger soit titulaire d'un livret.

Ce versement profite dans ce cas au fonds commun de réserve.

Chapitre III.

ADMINISTRATION

Art. 12. — L'administration de la Société est contrôlée par un Conseil d'administration de quarante huit membres dont vingt membres participants.

Ce Conseil se compose de :
Un Président ;
5 Vice-Présidents, un par arrondissement ;
2 Secrétaires ;
Quarante Administrateurs.
Ces fonctions sont gratuites.

Art. 13. — Font de droit partie du Conseil d'Administration :
Le Président de la Chambre de Commerce, les Présidents des Comices Agricoles, le Président de la Société Industriel'e, le Président de l'Union départementale Mutualiste, le Secrétaire Général de la Préfecture, un Inspecteur primaire, le Trésorier payeur Général, le Directeur des Postes et des Télégraphes.

Art. 14. — Ne peuvent être nommés membres dudit Conseil que des Français majeurs, de l'un ou l'autre sexe, non déchus de leurs droits civils ou civiques, sous réserve, pour les femmes mariées, des autorisations de droit commun.

Art. 15. — Tous les membres du Conseil, sauf les membres de droit, sont élus au bulletin secret, par correspondance, par les membres honoraires ou participants et ne peuvent être pris en dehors de la Société.

Art. 16. — Le Conseil choisit dans son sein les membres du Bureau chargé de la gestion des affaires sociales.

La composition du Bureau est la suivante :

Le Préfet, président de droit.
Deux Vice-Présidents.
Deux Secrétaires.
Le Trésorier Général.
Six membres.

Art. 17. — Pour le Conseil d'Administration comme pour le Bureau, nul n'est élu au premier

tour de scrutin s'il n'a réuni la majorité absolue des suffrages. Au deuxième tour, l'élection a lieu à la majorité relative.

Dans le cas où les candidats obtiendraient un nombre égal de suffrages, l'élection est acquise au plus âgé.

Art. 18. — Les membres du Conseil sont élus pour six ans ; ils sont renouvelés par moitié tous les trois ans et rééligibles.

Le premier Conseil procédera par voie de tirage au sort pour désigner ceux de ses membres qui seront soumis à la réélection au terme de la troisième année.

Il en sera de même du Conseil qui serait élu à la suite d'une démission collective des administrateurs en exercice.

Il est pourvu provisoirement par le Conseil au remplacement des membres décédés ou démissionnaires.

Les administrateurs ainsi nommés ne demeurent en fonctions que pendant la durée du mandat qui avait été confié à leurs prédécesseurs.

Art. 19. — Les membres du Bureau sont rééligibles par moitié

tous les trois ans dans la proportion suivante :

Un Vice Président.

Un Secrétaire.

Trois Membres.

La première série sortante sera désignée par le sort dès la première réunion du Bureau.

Le Bureau remplace provisoirement les membres démissionnaires ou décédés.

Art. 20. — Le préfet, président du Bureau, assure la régularité du fonctionnement de la Société conformément aux statuts.

Il adresse, dans les trois premiers mois de l'année, au Conseil d'administration :

1° La statistique de l'effectif de la Société ;

2° Le compte-rendu de la situation morale et financière.

Il signe les décisions du Bureau; il représente la Société en justice et dans tous les actes de la vie civile.

Art. 21. — Les Vice-Présidents du Bureau secondent le président dans toutes ses attributions.

Ils le remplacent en cas d'empêchement.

Art. 22. — Les Secrétaires sont chargés des convocations, de la rédaction des procès verbaux, de la préparation de la correspondance et de la conservation des archives.

Ils tiennent le registre matricule des membres de la Société et présentent au Bureau les demandes d'admission.

Art. 23. — Le trésorier effectue les recettes et les paiements. Il tient les livres de la comptabilité.

Il est responsable de la caisse contenant les fonds et les titres de la Société.

Il paie sur mandats visés par le Préfet, président.

Il délivre aux sociétaires, au moment de leur admission, les livrets sur lesquels sera constaté le paiement des cotisations.

Il touche avec l'autorisation du Conseil le montant des rentes, cotisations, ou valeurs nominatives qui seraient amorties.

Il peut, avec l'autorisation du Conseil, signer toute feuille de conversion, de transfert ou de remboursement, consentir l'annulation de tous titres ou certificats nominatifs, faire toutes déclarations, acquitter tous impôts, effectuer en un mot toutes les opéra-

tions de trésorerie et de comptabilité prévues par les statuts et
dûment autorisées.

Art. 24. — Sur la proposition du
Conseil d'Administration, et d'office dans les cas d'urgence, le Bureau désigne les personnes char-
gées de représenter la Société dans
les communes, à raison d'une par
dix membres participants au minimum.

Ces personnes, choisies parmi
les membres de la Société, servi-
ront d'intermédiaires entre les participants et le Bureau pour le bon
fonctionnement des affaires de la
Société.

La durée de leur mandat sera de
trois années.

Ce mandat est renouvelable.

Art. 25. — Le Conseil d'administration se réunit chaque fois
qu'il est convoqué par le Président
et au moins tous les six mois.

La convocation est obligatoire
quand elle est demandée par la
majorité du Conseil.

Le Conseil ne peut délibérer va-
lablement que si la majorité des
membres qui le composent assis-
tent à la séance.

Art. 26. — Tous les membres de l'association pourront être convoqués une fois par an au chef-lieu du département en Assemblée générale.

Art. 27. — Des assemblées locales ou régionales pourront, en outre émettre leurs avis sur les affaires de la Société.

Elles seront convoquées à la demande du Conseil d'administration ou du Bureau, suivant les besoins de la société, une fois par an, ou plus souvent s'il est nécessaire.

A toutes les réunions, les membres absents pourront se faire représenter par des associés mandataires.

Art. 28. — L'Assemblée générale délibère sur toutes les affaires d'intérêt général inscrites à l'ordre du jour, ou proposées par les associés.

Art. 29. — Les assemblées locales ou régionales délibèrent sur les intérêts des associés de la commune ou de la région.

Art. 30. — Quand l'Assémblée générale délibère sur des modifications aux statuts, elle doit être composée du 1/4 au moins des membres de la Société, présents ou dûment représentés.

Les délibérations sont prises dans ce cas à la majorité des deux tiers des membres présents ou représentés.

Les délibérations de l'assemblée générale relatives aux acquisitions, ventes ou échanges d'immeubles ne peuvent être prises que si la 1/2 au moins des membres de la Société sont présents ou représentés et il ne peut être statué qu'à la majorité des 3/4 des voix.

Art. 31. — Est nulle et non avenue toute décision prise dans une réunion de l'Assemblée générale ou du Conseil d'administration, ou du Bureau, qui n'a pas fait l'objet d'une convocation régulière, ou portant sur une question qui ne figurerait pas à l'ordre du jour.

Art. 32. — Toute discussion politique, religieuse, ou étrangère au but de la mutualité est interdite dans les réunions du Conseil, de l'Assemblée générale et du Bureau

et ne saurait figurer au procès-verbal.

Il est interdit aux membres du Conseil de se servir, sans mandat, de leur titre en dehors des fonctions qui leur sont attribuées par les statuts.

Chapitre IV.

ORGANISATION FINANCIÈRE.

Art. 33. — Les recettes de la Société sont de deux sortes:

Les recettes normales et les recettes complémentaires.

Art. 34. — Les *recettes normales* sont :

1° Les cotisations des membres participants.

2° Les sommes que les patrons ou chefs d'industrie ajoutent au compte de leurs ouvriers d'après les conventions intervenues entre eux.

3° Les intérêts produits par les fonds provenant de ces cotisations.

Art. 35. — Les *recettes com-plémentaires* comprennent :

1° Le droit d'admission payé par les membres participants ;

2° Les sommes versées par les Membres Bienfaiteurs ;

3° Les dons et legs dont l'accep-tation a été approuvée ;

4° Les cotisations des Membres Honoraires ;

5° Les subventions accordées par l'État, le Département, les Com-mùnes, les Caisses d'épargne ou autres établissements publics ;

6° Le produit des fêtes, tombolas, collectes, etc., régulièrement au-torisées et organisées au profit de la Société, ou d'un groupe de par-ticipants;

7° Les cotisations remboursées par la Caisse nationale des retraites au décès des membres participants;

8° Les intérêts divers produits par ces articles.

Art. 36. — Aux deux catégories de recettes sociales correspondent deux catégories de dépenses.

Les *dépenses normales* sont :

1° Les versements prévus à la Caisse Nationale des Retraites ,

2° Les frais de gestion.

Art. 37. — Les *dépenses complémentaires* sont les suivantes :

1° Les secours exceptionnels accordés aux membres participants malades, blessés ou infirmes, ou aux ascendants, descendants ou conjoint des membres participants décédés (article 25 de la loi du 1er avril 1898) ;

2° Les versements effectués à titre de subvention, à la Caisse Nationale des Retraites au compte des participants momentanément dans le besoin.

3° Les dépenses exceptionnelles autorisées par l'assemblée générale pour faire face à des nécessités urgentes.

Art. 38. — Des comptes distincts sont ouverts pour chaque catégorie de recettes et de dépenses *normales*.

Chaque année l'excédent éventuel des recettes sur les dépenses

est reporté aux recettes du même compte pour l'exercice suivant.

Art. 39. — Les recettes et les dépenses *complémentaires* définies par les art. 35 et 37 sont portées à un compte distinct des précédents.

L'excédent éventuel des recettes sur les dépenses de ce compte est annuellement versé à un fonds spécial qui prend le nom de FONDS COMMUN DE RÉSERVE.

Art. 40. — Le trésorier ne peut conserver en caisse une somme supérieure à 2.000 fr.

L'excédent doit être placé à la Caisse des Dépôts et Consignations, en compte courant disponible ou en valeurs autorisées par l'art. 20 de la loi du 1er avril 1898.

Chapitre V.

OBLIGATIONS ENVERS LA SOCIÉTÉ.

Art 41. — Les membres parti-

cipants, quel que soit leur âge, paient à leur entrée dans la Société, pour frais de gestion, un droit d'admission d'un franc, qui doit être versé en même temps que la première cotisation.

Art. 42. — Ils s'engagent en outre au paiement d'une cotisation annuelle de vingt francs au minimum. Cette cotisation sera recueillie par les soins de la Société, par quart chaque trimestre, et versée à la Caisse Nationale des Retraites au compte du participant.

Art. 43 — TOUTE COTISATION SUPPLÉMENTAIRE ACCROITRA PROPORTIONNELLEMENT LA PENSION DE RETRAITE D'A-PRÈS LES TARIFS DE LA CAISSE NATIONALE DES RETRAI-TES ANNEXÉS AUX PRÉSENTS STATUTS.

Art. 44. — La cotisation annuelle obligatoire est réduite à dix francs, pour tous les jeunes titulaires d'un livret scolaire, jusqu'au 1er janvier qui suit leur seizième année accomplie.

Art. 45. — Ils sont d'autre part
exempts du droit d'admission de
un franc.

Chapitre VI.

OBLIGATIONS DE LA SOCIÉTÉ.

Art. 46. — Tout membre participant reçoit dès son admission dans
la Société un livret individuel de
la Caisse Nationale des Retraites
pour la vieillesse, lui donnant droit,
après quinze ans au moins de versement, à une pension de retraite
garantie, à l'âge fixé par le sociétaire lui-même, à 55, 60 ou 65
ans.

Art. 47. — Un double de ce livret
est remis au sociétaire et reste
entre ses mains. Toutes les opérations faites y sont inscrites par les
soins des représentants de la Société.

Art. 48. — Le montant de la
pension est déterminé par le total
des versements effectués au livret
par le titulaire ou par des tiers en
son nom.

Art. 49. — Dans le cas de bles-
sure grave ou d'infirmités préma-
turées entraînant incapacité absolue de travail et ne donnant pas
lieu à pension ou secours d'autre
part, la pension peut être liquidée
même avant cinquante cinq ans, et
en proportion des versements qui
figurent au livret.

Les pensions ainsi liquidées
pourront être augmentées au
moyen des bonifications prévues
par l'article 11 de la loi du 20 juillet 1886 sur la Caisse Nationale
des Retraites, et par des allocations prises sur le Fonds Commun
de réserve de la Société.

Art. 50. — Les cotisations versées au livret, quelle qu'en soit
l'origine, sont placées à capital
réservé au profit de la Société.

Elles reviendront au Fonds Commun de réserve au décès de chaque
sociétaire, mais l'emploi en sera
fait *intégralement* au profit des
participants ou de leurs ayants

droit dans les conditions des présents Statuts.

Art. 51. — Le livret individuel est alimenté par les ressources suivantes :

1° La cotisation versée par l'ouvrier ;

2° Le complément de cotisation versé par le patron ou par un tiers au compte de l'ouvrier ;

3° Le supplément de cotisation versé volontairement par l'ouvrier ou par un tiers ;

4° Un supplément éventuel, uniforme pour tous les participants, déterminé annuellement par le Conseil d'administration d'après les bonifications d'intérêt, les subventions recueillies, et les ressources du Fonds Commun de réserve.

Art. 52. — Le supplément éventuel prévu par le paragraphe précédent cessera d'être versé au livret de tout sociétaire qui aurait omis de remplir ses engagements, sauf les cas de force majeure soumis à l'appréciation du Bureau, tels que le chômage involontaire, le service militaire, les charges excessives de famille, ou les calamités exceptionnelles.

Art. 53. — Il ne sera fait aucun prélèvement sur le Fonds Commun de réserve, pour aucune cause que ce soit, au profit des participants qui n'auront pas versé leurs cotisations pendant un minimum de vingt trimestres.

Art. 54. — Le livret individuel est la propriété du membre participant, qui le conserve dans le cas où il viendrait à quitter la Société.

Les droits de la Société sur le capital inscrit au livret au moment du départ du sociétaire restent réservés.

Art. 55. — Au moment de la liquidation de la retraite et tant que la pension est servie, le chiffre en peut être augmenté au moyen des ressources du Fonds Commun de réserve qui proviennent spécialement de la rentrée des cotisations des pensionnaires décédés.

Art. 56. — Cette subvention spéciale, égale pour tous les participants, est déterminée chaque an-

née par le Conseil d'administration.
Elle ne peut en a... ... cas bonifier
les pensions au-dessus de 400 fr.

Art. 57. — Étant donné le carac-
tère alimentaire de la pension jusqu'à la somme de 400 fr., la Société n'en reconnaît pas l'aliéna-
tion, sous quelque forme qu'on la
lui présente.

Chapitre VII.

RADIATION.— EXCLUSION.

Art. 58. — Cessent de faire partie de la Société, les membres qui
n'ont pas payé leur cotisation depuis six trimestres.

Cependant, il peut être sursis
par le Conseil à l'application de cet
article pour les membres participants qui prouvent que des cir-
constances indépendantes de leur
volonté, les ont empêchés de remplir leurs engagements.

Art. 59. — Le membre participant appelé sous les drapeaux, qui a acquitté ses cotisations jusqu'au moment de son départ, reste inscrit sur les contrôles de la Société pendant la durée de son service militaire actif.

Pendant cette période il n'a droit aux suppléments éventuels que s'il continue à verser ses cotisations.

Un an après l'expiration de son service, s'il n'a pas repris le paiement de ses cotisations, sa radiation peut avoir lieu d'office.

Art. 60. — L'exclusion est prononcée par le Conseil sur la proposition du Bureau et sans discussion :

1° Contre les sociétaires qui seraient frappés d'une condamnation infamante ;

2° Contre ceux qui se seraient rendus coupables d'un acte contraire à l'honneur ou auraient une conduite déréglée notoirement scandaleuse ;

3° Contre ceux qui auraient causé aux intérêts de la Société un préjudice volontaire et dûment constaté.

Art. 61. — La démission, la radiation et l'exclusion ne donnent droit à aucun remboursement en espèces.

Le membre participant qui sort de la Société pour une cause quelconque emporte son livret. Son compte est arrêté à la date de sa sortie et notification est faite à la Caisse Nationale des Retraites de la clôture du compte, pour le remboursement au décès du capital réservé à la Société.

Chapitre VIII.

MODIFICATION AUX STATUTS. — DISSOLUTION. — LIQUIDATION.

Art. 62. — Les statuts ne peuvent être modifiés que sur la proposition du Conseil ou sur celle du tiers des sociétaires au moins.

Dans ce dernier cas la proposition est soumise au Conseil deux mois avant la séance où elle viendra en délibération.

Le projet de modification est publié au *Recueil des Actes admi-*

nistratifs, au *Moniteur scolaire* et
dans le *Bulletin de la Société.*

Toute modification aux statuts
doit être rendue publique dans les
mêmes formes.

Les modifications aux statuts ne
peuvent être mises en vigueur
qu'après avoir été approuvées conformément à la loi.

Art. 63. — La dissolution est prononcée dans les formes prescrites
par le précédent article.

Art. 64. — En cas de dissolution, la liquidation s'opère par les
soins du bureau et selon les dispositions de l'article 31 de la loi du
1er avril 1898.

NOUS SOMMES MUTUALISTES.

Nous nous sommes efforcés dans ces statuts de faire face à toutes les prévisions et, malgré bien des remaniements, nous sommes convaincus que beaucoup de points nous auron' échappé.

C'est à l'usage seulement que la qualité d'un outil se fait connaître.

Si des modifications paraissent nécessaires, il sera aisé d'y pourvoir.

Maintenant, comment les Sociétés de Secours mutuels déjà organisées vont-elles accepter notre projet ?

Nous nous sommes efforcés de leur donner satisfaction en nous référant le plus possible aux prescriptions de la loi du 1er avril 1898, qui leur est chère, à juste titre, et dont nous espérons nous-mêmes procurer les avantages à nos adhérents.

Mais notre entreprise, il faut bien le reconnaître, diffère beaucoup du programme des sociétés de la loi de 1898.

Leurs opérations et la nôtre ne se touchent que de très loin.

Si l'on admet, comme en botanique, que l'association est le genre, la mutualité, l'espèce, et les sociétés de la loi de 1898, la variété, il est certain que nous sommes plus près de la loi du 1er juillet 1901 sur les associations, que de la loi de 1898.

La mutualité n'est pour nous que le moyen, plutôt que le but.

Nous tenions à le dire pour que les sociétés de secours mutuels du département sachent bien que nous ne voulons nullement envahir leur domaine, ni diminuer leur action.

Bien au contraire, nous voulons les servir. Nous allons leur ouvrir des contrées vierges.

Partout où nous arriverons à grouper des adhérents pour la retraite, il y a chance que ces mêmes adhérents voudront s'associer encore pour améliorer les conditions de la vie, en attendant la pension de vieillesse.

C'est ainsi que nous allons travailler dans 717 communes du département où les sociétés de secours mutuels n'ont pas encore pénétré.

Dans la plupart de ces 717 communes, nous avons dès maintenant des adhérents, car nos mutualités scolaires sont allées déjà bien plus loin que les Sociétés de Secours mutuels.

Elles s'étendent sur tout le département moins 171 communes où elles fonctionneront dans quelques mois

Notre Fonds de réserve aura, dans quelques années, dépassé le Fonds Commun de toutes les Sociétés de Secours Mutuels, et nous nous en servirons pour le plus grand bien de nos participants mutualistes.

S'ils ne sont pas encore affiliés à une société, l'aubaine leur sera d'autant plus précieuse.

Dans le cas où ils se seraient déjà solidarisés avec leurs voisins, nous ne pensons pas qu'ils aient à souffrir d'être aidés sous une nouvelle forme.

Nous n'ôterons pas un seul client aux sociétés actuelles, car elles rendent des services qui ne sont pas les nôtres et pour lesquels nous ne pouvons rien.

Risquons-nous de tuer la petite cotisation de la société de secours mutuels ? Nullement.

Bien au contraire nous allons permettre aux Sociétés actuelles de diminuer leur cotisation de toute la part qu'elles consacrent à la retraite.

Nous allons simplement renforcer le bataillon des ouvriers économes.

On va à la mutualité par esprit de solidarité, mais aussi par esprit d'économie.

Il faut bien le dire aussi, dans l'état actuel, le fonds commun des mutualités, égal pour tous, ne peut pas grand chose pour personne au point de vue de la retraite.

Des pensions de cinquante francs ! De soixante-dix francs ! Par année, une centaine de liquidations seulement !

Qu'est-ce que cela, pour 32.000 adhérents, sinon la preuve du bon sens d'un brave homme qui, songeant à cette pension embryonnaire, disait, non sans tristesse : « Ce sera toujours pour mon tabac quand je serai au dépôt de Montreuil ! »

Nous pouvons, nous, faire davantage et nous allons commencer.

Quant aux subventions diverses dont jouissent les mutualités actuelles, elles n'en perdront pas un centime.

Le ministère qui voudrait y toucher, nous en répondons bien, ne tiendrait pas dix minutes devant la clameur du Parlement.

Si, par la suite des temps, le malheur du pays obligeait à supprimer du budget toutes ces sortes de subventions, nous en souffririons comme tout le monde, mais dans des proportions moindres, car nous avons eu la prudence de ne pas faire nos calculs sur le produit anormal de l'argent à 4,50 °/₀.

Nous avons pris les tarifs de la Caisse Nationale des Retraites à 3,50 0/0, et nous entendons nous y tenir.

Si nous obtenons, et si nous conservons des avantages supérieurs, tout sera pour le mieux.

Dans le cas contraire nos adhérents n'auront aucune déception.

CAPITAL RÉSERVÉ.

On peut choisir entre deux systèmes :

PREMIER SYSTÈME : *La cotisation est donnée à capital aliéné.*

La rente est évidemment plus forte ; mais si l'on verse la cotisation pendant 25 ans, où plus, sans arriver à la liquidation de pension, tout est perdu.

Si un sociétaire tombe malade, s'il est malheureux ; s'il meurt laissant une famille dans le besoin, impossible de donner un secours.

Dans cette combinaison notre société se borne à recouvrer les cotisations, à les porter à la Caisse des retraites.

Elle joue le rôle du garçon de banque.

Elle n'a pas de budget, et, comme les parents pauvres, elle n'intéresse personne.

On se demande même pourquoi elle serait une société, pourquoi elle serait mutuelle, si l'on imagine que son rôle doit se borner à faciliter la création, et l'alimentation des livrets individuels.

Or, si elle n'est pas mutuelle, elle ne reçoit plus les subventions de la mutualité.

Si on veut la réduire au seul rôle d'agent de publicité, de recrutement pour les guichets de la Caisse des retraites elle devient à peu près inutile.

Il suffirait d'illuminer le soir les écriteaux émaillés bleu et blanc *Caisse Nationale des Retraites* que l'on admire à la porte des percepteurs ou des bureaux de poste !

DEUXIÈME SYSTÈME : *Le capital des cotisations est réservé pour la société.*

La rente est évidemment moindre.

Mais que va-t-il arriver ?

Les tableaux ci-après vont nous le dire (pages 106 et 110)

Ils ont été conçus dans l'hypothèse où mille ouvriers commenceraient, à vingt-cinq ans, à verser pour la constitution d'une rente de cent francs à 60 ans, ou à 65 ans.

Chacune des années de la période 1905-1940, ou 1905-1945, suivant l'âge au moment de la liquidation, voit se passer certains phénomènes.

D'abord le versement des cotisations qui vont se capitaliser à la Caisse des retraites (colonne 5).

Ensuite l'extinction des participants dont le dernier mourra à 97 ans, d'après les tables de la mortalité moyenne (colonne 4).

Comme on meurt à 20 ans aussi bien qu'à 60, dès la deuxième année la colonne des décès compte des unités, et cette colonne s'allonge si bien qu'en 1978 il ne reste plus personne.

Mais alors, la cotisation étant placée à capital réservé, *toutes les cotisations versées auront fait retour à la Caisse départementale.*

Au premier décès ce retour aura commencé, et chaque année le remboursement aura continué.

Chaque année la Caisse aura eu ainsi un élément de recettes, net de toutes charges, et parfaitement disponible.

A qui revient cette disponibilité ? A ceux qui sont morts ? Ils n'en ont plus besoin.

Mais s'ils laissent une veuve, des enfants, nous saurons les trouver, et leur rendre tout ou partie, suivant les cas, de ce que nous aurons reçu du chef de famille.

La cotisation du patron, elle aussi, aura été placée à capital réservé et nous reviendra de même.

Tout ce que nous aurons pu ajouter nous-mêmes aux versements de l'ouvrier et du patron nous sera également rendu au moment de chaque décès.

OR TOUT CE PATRIMOINE, CAPITAL ET INTÉRÊTS, EST LA PROPRIÉTÉ DES OUVRIERS PARTICIPANTS.

La Société l'administre, mais n'en doit pas garder un centime. Elle doit le rendre tout entier à ceux qui en ont fourni les premiers éléments, ou à leurs ayants droit.

Nos tableaux montrent (colonne 8) les disponibilités probables de chaque exercice d'après le nombre des décès.

Comme nous n'avons, pour commencer, ni dotation, ni fondation, ni réserve d'aucune sorte, nous avons proposé (article 53 des statuts) d'employer les cinq premières années de la participation à constituer ce premier fonds de réserve.

Le corollaire de cette disposition est qu'aucun remboursement d'aucune sorte ne pourra être effectué sur un livret qui n'aura pas cotisé pendant au moins vingt trimestres, c'est-à-dire cinq ans.

Le but de cet article est en même temps d'inciter le participant à continuer sans interruption ses versements dès le commencement.

S'il arrive à la sixième année sans avoir manqué une échéance, il y a des chances pour qu'il garde ses bonnes habitudes.

C'est sur ces bases que nous avons établi nos statuts.

C'est pour en rendre le fonctionnement visible, que nous avons fait dresser les deux tableaux ci-après qui montrent, année par année, le mouvement des recettes de la Société, tel qu'il résulte de l'extinction des membres participants (colonne 8).

Aux cotisations remboursées, nous avons ajouté seulement un franc par participant et par an.

Nous avons tenu à ne faire état que des ressources absolument acquises, malgré la certitude qui nous est donnée de voir ces ressources dépasser de beaucoup nos prévisions.

Par exemple, l'État complète à 4,50 %, l'intérêt des fonds placés à la Caisse Nationale des Retraites et à la Caisse des dépôts et consignations.

Dans nos deux états, il n'est tenu aucun compte de cette bonification, ni de l'intérêt lui-même.

La part de cotisation versée, en sus de celle de l'ouvrier, par l'État, par les patrons, ou par des tiers, ne figure pas davantage à la colonne 7 des remboursements, et pourtant ces parts de cotisations supplémentaires sont remboursées, lors du décès, au même titre que la cotisation de l'ouvrier, puisqu'elles sont inscrites à son livret,

TABLEAU I.

Capitalisation à 3,50 °/₀, capital réservé

Liquidation de la pension à soixante ans

ANNÉES	AGE	NOMBRE de Survivants	NOMBRE annuel DES DÉCÈS	MONTANT des Cotisations avec liquidation des pensions pour en jouir à 60 ans (montant de la cotisation annuelle : 18 fr. 76)	PENSIONS SERVIES	REMBOURSEMENT DES CAPITAUX à la Société après le décès des participants	FONDS COMMUN (B)	OBSERVATIONS
1	2	3	4	5	6	7	8	9
1905	25 ans	1.000	»	18.760 »	»	»	1.000 »	(A) Pendant cette première
1906	26	995	»	18.628 68	»	131 32	1.121 32	période et seulement à partir
1907	27	985	»	18.497 35	»	261 64	1.248 64	de la sixième année il ne peut
1908	28	979	2	18.365 04	»	393 95	1.372 95	être servi que des pensions
1909	29	972	»	18.234 72	»	525 28	1.497 28	exceptionnelles pour incapaci-
1910	30	965	7	18.103 40	»(A)	656 60	1.621 60	té de travail.
1911	31	958	7	17.972 08	»	787 92	1.745 92	(B) Les chiffres portés dans
1912	32	951	7	17.840 76	»	919 24	1.870 24	cette colonne comprennent
1913	33	944	7	17.709 44	»	1.050 56	1.994 56	seulement les cotisations rem-
1914	34	937	7	17.578 12	»	1.181 88	2.118 88	boursées à la Société par sui-
1915	35	930	7	17.446 80	»	1.313 20	2.243 20	te du décès des déposants et
1916	36	923	7	17.315 48	»	1.444 52	2.367 52	les subventions annuelles
1917	37	916	7	17.184 16	»	1.575 84	2.491 84	quelle qu'en soit l'origine.
1918	38	909	7	17.052 84	»	1.707 16	2.616 16	Ces subventions sont éva-
1919	39	902	8	16.921 52	»	1.848 48	2.750 48	luées au plus bas, à un franc
1920	40	894	8	16.771 44	»	2.251 20	3.145 20	par participant et par an.
1921	41	886	8	16.621 36	»	2.401 28	3.287 28	Il n'est pas tenu compte de
1922	42	878	8	16.471 28	»	2.551 66	3.429 66	la bonification d'intérêt.
1923	43	870	8	16.321 20	»	2.701 44	3.571 44	
1924	44	862	8	16.171 12	»	2.851 52	3.713 52	
1925	45	854	9	16.021 04	»	3.001 60	3.855 60	
1926	46	845	9	15.852 24	»	3.545 64	4.390 64	
1927	47	836	10	15.683 36	»	3.714 48	4.550 48	
1928	48	826	10	15.495 76	»	4.314 80	5.140 80	
1929	49	816	11	15.308 16	»	4.502 40	5.318 40	
1930	50	805	11	15.101 80	»	5.159 »	5.964 »	
1931	51	794	12	14.895 44	»	5.365 36	6.159 36	
1932	52	782	13	14.670 92	»	6.078 24	6.860 24	
1933	53	769	13	14.446 44	»	6.828 64	7.597 64	
1934	54	755	14	14.182 56	»	7.072 52	7.828 52	
1935	55	742	15	13.919 92	»	7.879 20	8.621 20	
1936	56	727	15	13.638 52	»	8.723 40	9.450 40	
1937	57	712	15	13.357 12	»	9.004 80	9.716 80	
1938	58	697	16	13.075 72	»	9.286 20	9.983 20	
1939	59	681	17	12.775 56	»	10.205 44	10.886 44	
			336	568.371 72		121.227 12	151.524 12	

1940	60	664	17	66.470 »	11.162 20	11.162 20	
1941	61	647	18	64.700 »	11.162 20	11.162 20	
1942	62	629	19	62.900 »	11.818 80	11.818 80	
1943	63	610	20	61.000 »	12.475 40	12.475 40	
1944	64	590	20	59.000 »	13.132 »	13.132 »	
1945	65	570	21	57.000 »	13.132 »	13.132 »	
1946	66	549	22	54.900 »	13.788 60	13.788 60	
1947	67	527	24	52.700 »	14.445 20	14.445 20	
1948	68	503	24	50.300 »	15.758 40	15.758 40	
1949	69	479	25	47.900 »	15.758 40	15.758 40	
1950	70	454	26	45.400 »	16.415 »	16.415 »	
1951	71	428	27	42.800 »	17.071 60	17.071 60	
1952	72	401	27	40.100 »	17.728 20	17.728 20	
1953	73	374	28	37.400 »	17.728 20	17.728 20	
1954	74	346	28	34.600 »	18.384 80	18.384 80	
1955	75	318	29	31.800 »	18.384 80	18.384 80	
1956	76	289	28	28.900 »	19.041 40	19.041 40	
1957	77	261	28	26.100 »	18.384 80	18.384 80	
1958	78	233	26	23.300 »	18.384 80	18.384 80	
1959	79	207	26	20.700 »	17.071 60	17.071 60	
1960	80	181	25	18.100 »	17.071 60	17.071 60	
1961	81	156	23	15.600 »	16.415 »	16.415 »	
1962	82	133	21	13.300 »	15.101 80	15.101 80	
1963	83	112	19	11.200 »	13.788 60	13.788 60	
1964	84	93	18	9.300 »	12.475 40	12.475 40	
1965	85	75	15	7.500 »	11.818 80	11.818 80	
1966	86	60	13	6.000 »	9.849 »	9.849 »	
1967	87	47	11	4.700 »	8.535 80	8.535 80	
1968	88	36	9	3.600 »	7.222 60	7.222 60	
1969	89	27	7	2.700 »	5.909 40	5.909 40	
1970	90	20	5	2.000 »	4.596 20	4.596 20	
1971	91	15	5	1.500 »	3.283 »	3.283 »	
1972	92	10	3	1.000 »	3.283 »	3.283 »	
1973	93	7	2	700 »	1.969 80	1.969 80	
1974	94	5	1	500 »	1.313 20	1.313 20	
1975	95	3	1	300 »	1.313 20	1.313 20	
1976	96	2	1	200 »	656 60	656 60	
1977	97	1	1	100 »	656 60	656 60	
1978	98	0	0	»	656 60	656 60	
1979	99	0	0	»	»	»	
1980	100						
			1.000	1.000 200 »	568.371 72	598.608 72	

TABLEAU II.

Capitalisation à 3,50 %, capital réservé

Liquidation de la pension à soixante-cinq ans

ANNÉES	AGE	NOMBRE de Survivants	NOMBRE annuel DES DÉCÈS.	MONTANT des Cotisations avec liquidation des pensions pour en jouir à 65 ans (Montant de la cotisation annuelle : 11 fr. 04)	PENSIONS SERVIES.	REMBOURSEMENT DES CAPITAUX à la Société après le décès des participants. (B)	FONDS COMMUN (B)	OBSERVATIONS.
1	2	3	4	5	6	7	8	9
1905	25 ans	1.000	7	11.051 »	»	»	1.000 »	(A) Pendant cette première
1906	26	993	7	10.992 72	»	77 28	1.050 28	période et seulement à partir
1907	27	986	7	10.885 44	»	134 56	1.140 56	de la sixième année, il ne peut
1908	28	979	7	10.808 16	»	233 84	1.210 84	être servi que des pensions
1909	29	972	7	10.730 88	»	309 12	1.281 12	exceptionnelles pour incapaci-
1910	30	965	7	10.653 60	»	386 40	1.351 40	té de travail.
1911	31	958	7	10.576 32	»(A)	463 68	1.421 68	(B) Les chiffres portés dans
1912	32	951	7	10.499 04	»	540 96	1.491 96	cette colonne comprennent
1913	33	944	7	10.421 76	»	618 24	1.562 24	seulement les cotisations rem-
1914	34	937	7	10.344 48	»	695 52	1.632 52	boursées à la Société par sui-
1915	35	930	7	10.267 20	»	772 80	1.702 80	te du décès des déposants et
1916	36	923	7	10.189 92	»	850 08	1.773 08	les subventions annuelles,
1917	37	916	7	10.112 64	»	927 36	1.843 36	quelle qu'en soit l'origine.
1918	38	909	7	10.035 36	»	1.004 64	1.913 64	Ces subventions sont éva-
1919	39	902	8	9.958 08	»	1.081 92	1.983 92	luées au plus bas, à un franc
1920	40	894	8	9.809 76	»	1.324 80	2.218 80	par participant et par an.
1921	41	886	8	9.781 44	»	1.413 12	2.299 12	Il n'est pas tenu compte de
1922	42	878	8	9.636 12	»	1.591 44	2.379 44	la bonification d'intérêt.
1923	43	870	8	9.604 80	»	1.580 76	2.450 76	
1924	44	862	8	9.516 48	»	1.678 08	2.540 08	
1925	45	854	9	9.428 16	»	1.766 40	2.620 40	
1926	46	845	9	9.328 80	»	2.086 56	2.931 56	
1927	47	836	9	9.229 44	»	2.185 92	3.021 92	
1928	48	826	10	9.119 04	»	2.539 20	3.345 20	
1929	49	816	10	9.008 64	»	2.649 60	3.465 60	
1930	50	805	11	8.887 20	»	3.036 »	3.841 »	
1931	51	794	11	8.705 76	»	3.157 44	3.961 44	
1932	52	782	12	8.633 28	»	3.576 96	4.358 96	
1933	53	769	13	8.489 76	»	4.018 55	4.787 56	
1934	54	756	13	8.346 24	»	4.162 08	4.918 08	
1935	55	742	14	8.191 68	»	4.636 80	5.378 80	
1936	56	727	15	8.026 08	»	5.133 60	5.860 60	
1937	57	712	15	7.800 48	»	5.299 20	6.011 20	
1938	58	697	16	7.604 88	»	5.464 80	6.161 80	
1939	59	681	17	7.518 24	»	6.005 76	6.686 76	
1940	60	664	17	7.330 56	»	6.508 80	7.232 80	
1941	19	647	18	7.142 88	»	6.756 48	7.403 48	
1942	62	629	19	6.944 16	»	7.352 64	7.981 64	
1943	63	610	20	6.734 40	»	7.970 88	8.580 88	
1944	64	590	20	6.513 60	»	8.611 20	9.201 20	
			430	369.144 48		108.600 48	142.037 48	
1945	65	570	21		57.000 »	8.832 »	8.832 »	
1946	66	549	22		54.900 »	9.273 60	9.273 60	
1947	67	527	24		52.700 »	9.715 20	9.715 20	
1948	68	503	24		50.300 »	10.598 40	10.598 40	
1949	69	479	25		47.900 »	10.598 40	10.598 40	
1950	70	454	26		45.400 »	11.040 »	11.040 »	
1951	71	428	27		42.800 »	11.481 60	11.481 60	
1952	72	401	27		40.100 »	11.923 20	11.923 20	
1953	73	374	28		37.400 »	11.923 20	11.923 20	
1954	74	346	28		34.600 »	12.364 80	12.364 80	
1955	75	318	29		31.800 »	12.364 80	12.364 80	
1956	76	289	28		28.900 »	12.806 40	12.806 40	
1957	77	261	28		26.100 »	12.364 80	12.364 80	
1958	78	233	26		23.300 »	12.364 80	12.364 80	
1959	79	207	26		20.700 »	11.481 60	11.481 60	
1960	80	181	25		18.100 »	11.481 60	11.481 60	
1961	81	156	23		15.600 »	11.040 »	11.040 »	
1962	82	133	21		13.300 »	10.156 80	10.156 80	
1963	83	112	19		11.200 »	9.273 60	9.273 60	
1964	84	93	18		9.300 »	8.390 40	8.390 40	
1965	85	75	15		7.500 »	7.948 80	7.948 80	
1966	86	60	13		6.000 »	6.624 »	6.624 »	
1967	87	47	11		4.700 »	5.740 80	5.740 80	
1968	88	36	9		3.600 »	4.857 60	4.857 60	
1969	89	27	7		2.700 »	3.974 40	3.974 40	
1970	90	20	5		2.000 »	3.091 20	3.091 20	
1971	91	15	5		1.500 »	2.208 »	2.208 »	
1972	92	10	3		1.000 »	2.208 »	2.208 »	
1973	93	7	2		700 »	1.324 80	1.324 80	
1974	94	5	2		500 »	883 20	883 20	
1975	95	3	1		300 »	883 20	883 20	
1976	96	2	1		200 »	441 60	441 60	
1977	97	1	1		100 »	441 60	441 60	
1978	98	0	0		»	441 60	441 60	
1979	99	0	0		»	»	»	
1980	100							
					692.200 »	369.144 48	402.581 48	

CALCUL DE LA COTISATION.

Le calcul de la cotisation ne saurait être déterminé par le quantum du salaire, mais seulement par le chiffre de la pension que l'ouvrier cherche à se constituer.

Un ouvrier connaît son gain, sait ce qu'il en peut distraire.

Il peut se renseigner sur la prime nécessaire pour une assurance d'une valeur donnée et il décidera lui-même s'il peut s'engager à verser la prime qui correspond à une pension de 100, 200 ou 400 fr.

Si au contraire on décide que la prime sera de tant pour cent du salaire, on arrive à des complications insurmontables, le salaire pouvant varier d'une semaine à l'autre, et aussi disparaître pendant certaines périodes, par exemple quand l'ouvrier, pendant plusieurs semaines de suite, cultive ses champs ou son jardin ou quand il change de patron plusieurs fois par semaine.

Comment d'ailleurs déterminer la valeur du salaire avec les indemnités accidentelles, en argent ou en nature, qui viennent l'augmenter; avec les amendes ou les malfaçons qui contribuent à le diminuer.

De deux ouvriers l'un fournira et réparera, à ses frais, sa pioche et sa pelle, tandis que son voisin de chantier recevra gratuitement du patron la brouette, et tous deux recevront en argent le même salaire, dont l'égalité n'est ainsi qu'apparente.

Il ne peut y avoir place pour ces distinctions et ces subtilités dans une opération qui doit rester simple et constante.

Le tant pour cent d'un salaire est déjà une sorte d'abstraction. L'abstraction qui procède elle-même de quelque chose d'indéterminé ou de constamment variable devient l'insaisissable.

Le système du tant pour cent peut dans certains cas être nuisible à l'ouvrier en empêchant l'augmentation de son salaire.

Cette augmentation sera plus facilement accordée par le patron si elle n'est pas pour lui l'occasion d'un accroissement parallèle de la part qu'il paie lui même dans l'assurance de son ouvrier.

De même l'augmentation du salaire profite tout entière à l'ouvrier, sans prélèvement du tant pour cent proportionnel pour sa retraite.

Nous avons fixé à vingt francs, la cotisation annuelle minima, soit un peu plus de *un sou par jour* (art. 42), mais seulement à titre d'indication et pour poser une base d'opération.

Ce chiffre ayant déjà quelque importance appelle la réflexion.

Il est assez faible pour n'éloigner personne, assez élevé pour montrer que notre Caisse n'a rien de commun avec certaines institutions qui promettent beaucoup à leurs adhérents sans leur demander de sérieux sacrifices.

Les ouvriers qui voudront réfléchir, ou les personnes qui s'occuperont des intérêts de leurs ouvriers, apprendront vite ce que l'on peut ou ce que l'on doit ajouter à cette cotisation minima d'après les ressources et d'après l'âge, pour constituer une pension de quelque importance.

L'art. 43 des statuts les renseigne à ce sujet. Il est imprimé en lettres capitales, et contient dans son texte un renvoi spécial à la table de capitalisation de la Caisse Nationale des Retraites.

Les deux tableaux qui vont suivre sont extraits des barèmes de la Caisse Nationale des Retraites, qui capitalise les versements à 3,50 %.

A ce taux, le placement à intérêts composés donne déjà d'importants résultats.

On peut considérer que ces résultats sont augmentés de moitié par la mutualité, qui bénéficie de subventions spéciales et d'avantages particuliers.

RENTES VIAGÈRES PRODUITES PAR CHAQUE FRANC
VERSÉ A CAPITAL RÉSERVÉ 3,50 %.

AGE au VERSEMENT	AVEC JOUISSANCE DE LA RENTE A L'AGE DE :		
	55 ans	60 ans	65 ans
3 ans	0ᶠ 5998	0ᶠ 9221	1ᶠ 5291
4	0 5743	0 8829	1 4641
5	0 5490	0 8453	1 4017
6	0 5264	0 8092	1 3419
7	0 5038	0 7745	1 2843
8	0 4820	0 7410	1 2288
9	0 4611	0 7089	1 1755
10	0 4409	0 6779	1 1241
11	0 4215	0 6480	1 0745
12	0 4028	0 6192	1 0269
13	0 3848	0 5916	0 9809
14	0 3675	0 5649	0 9368
15	0 3508	0 5393	0 8943
16	0 3348	0 5147	0 8534
17	0 3194	0 4910	0 8142
18	0 3046	0 4683	0 7766
19	0 2904	0 4465	0 7404
20	0 2768	0 4256	0 7058
21	0 2638	0 4056	0 6725
22	0 2513	0 3864	0 6407
23	0 2394	0 3680	0 6102
24	0 2279	0 3504	0 5810
25	0 2169	0 3335	0 5530
26	0 2064	0 3173	0 5261
27	0 1963	0 3017	0 5004

AGE au VERSEMENT	AVEC JOUISSANCE DE LA RENTE A L'AGE DE :		
	55 ans	60 ans	65 ans
28 ans	0f 1866	0f 2869	0f 4757
29	0 1773	0 2726	0 4520
30	0 1684	0 2589	0 4293
31	0 1599	0 2458	0 4076
32	0 1517	0 2332	0 3867
33	0 1438	0 2211	0 3667
34	0 1363	0 2896	0 3475
35	0 1291	0 1985	0 3291
36	0 1222	0 1878	0 3115
37	0 1156	0 1777	0 2946
38	0 1092	0 1679	0 2784
39	0 1031	0 1585	0 2629
40	0 0973	0 1496	0 2480
41	0 0917	0 1410	0 2338
42	0 0864	0 1328	0 2202
43	0 0813	0 1249	0 2072
44	0 0764	0 1174	0 1947
45	0 0717	0 1102	0 1828
46	0 0672	0 1033	0 1714
47	0 0629	0 0968	0 1605
48	0 0589	0 0905	0 1501
49	0 0550	0 0845	0 1401
50	0 0512	0 0788	0 1306

Pour un versement UNIQUE de un franc à capital réservé.

En examinant le tableau qui précède on constate qu'un homme de vingt ans qui fait à la Caisse des Retraites un versement *unique* de un franc fait produire à ce franc un revenu

de 27 °/₀ s'il touche sa pension à 55 ans.

de 42 °/₀ s'il touche sa pension à 60 ans.

de 70 °/₀ s'il touche sa pension à 65 ans.

Un homme de vingt ans qui disposerait de six cents francs et placerait ce capital à la Caisse des Retraites, se garantirait une pension viagère de

166'08 à 55 ans.

255'36 à 60 ans.

493'48 à 65 ans.

S'il prend pour intermédiaire notre Société mutuelle départementale il bénéficiera d'avantages considérables qui diminueront de beaucoup les charges de son opération.

Pour un versement ANNUEL de un franc à capital réservé.

Le tableau qui va suivre montre qu'un homme de 20 ans qui verse annuellement un franc se procure

à 55 ans une pension viagère de. 4,5884

à 60 ans. 7,2261

à 65 ans. 12,2687

S'il donne par an vingt francs et son patron vingt francs il aura

à 55 ans une pension viagère de. 183 52

à 60 ans. 289 04

à 65 ans. 489 72

Son affiliation à notre mutuelle départementale lui procurera d'importantes bonifications, car le tableau ci-dessus ne donne la capitalisation qu'à 3,50 % tandis que la mutualité capitalise à 4,50 % et reçoit en outre d'importantes suoventions.

RENTES VIAGÈRES PRODUITES PAR LE VERSEMENT ANNUEL DE UN FRANC A CAPITAL RÉSERVÉ 3,50 %.

AGE au VERSEMENT	AVEC JOUISSANCE DE LA RENTE A L'AGE DE :		
	55 ans	60 ans	65 ans
3 ans	11f 9032	18f 5114	30f 0162
4	11 3034	17 5893	29 3871
5	10 7291	16 7084	27 9230
6	10 1792	15 8611	26 5213
7	9 6528	15 0519	25 1795
8	9 1490	14 2774·	23 8951
9	8 6670	13 5364	22 6653
10	8 2059	12 8275	21 4908
11	7 7650	12 1496	20 3667
12	7 3435	11 5016	19 2922
13	6 9407	10 8824	18 2653
14	6 5559	10 2908	17 2844
15	6 1884	9 7259	16 8470
16	5 8376	9 1866	15 4533
17	5 5028	8 6719	14 5999
18	5 1834	8 1809	13 7857
19	4 8788	7 7126	13 0991
20	4 5884	7 2661	12 2687
21	4 3116	6 8405	11 5629
22	4 0478	6 4349	10 8904
23	3 7965	6 0485	10 2407
24	3 5571	5 6805	9 6395
25	3 3293	5 3301	9 0585
26	3 1123	4 9966	8 5055
27	2 9059	4 6793	7 9794

AGE au VERSEMENT	AVEC JOUISSANCE DE LA RENTE A L'AGE DE :		
	55 ans	60 ans	65 ans
28 ans	2 7696	4 3776	7 4790
29	2 5230	4 0907	7 3003
30	2 3457	3 8181	6 5513
31	2 1773	3 5592	6 1220
32	2 0174	3 3134	5 7144
33	1 8657	3 0802	5 3377
34	1 7219	2 8591	4 9610
35	1 5856	2 6495	4 6135
36	1 4565	2 4510	4 2844
37	1 3343	2 2632	3 9729
38	1 2187	2 0855	3 6783
39	1 1095	1 9176	3 3999
40	1 0014	1 7591	3 1370
41	0 9091	1 6095	2 8890
42	0 8174	1 4685	2 6552
43	0 7310	1 3357	2 4350
44	0 6497	1 2108	2 2278
45	0 5733	1 09034	2 0331
46	0 5016	0 9832	1 8503
47	0 4344	0 8799	1 6789
48	0 3715	0 7831	1 5184
49	0 3126	0 6920	1 3683
50	0 2576	0 6081	1 2282

SUR LE CHIFFRE DE LA PENSION.

Le chiffre de la pension résultera de l'état du livret, des versements qui y sont inscrits.

Nous ne distinguerons pas l'ouvrier de la ville de celui de la campagne, et nous éloignerons le souci de constituer une pension plus élevée au rentier qui déciderait d'habiter à la ville, où tout s'achète, plutôt que de vivre à la campagne où la dépense est moindre.

La Caisse Nationale des Retraites ne donne pas de pension supérieure à 1.200 fr. et la mutualité ne subventionne plus la rente supérieure à 360 fr. (Article 20).

L'ouvrier aura fait ce qu'il a pu, avec ou sans subvention ; sa pension sera liquidée d'après les statuts, à l'échéance prévue, au chiffre du livret et d'après les clauses particulières du contrat, s'il en a été consenti.

Toute autre réglementation semble inutile.

UNE RENTE VIAGÈRE,
PAS DE CAPITAL.

Le produit des économies de l'ouvrier doit lui être rendu sous forme de rente viagère.

Un petit capital se perd aisément, peut se fondre très vite, devenir insuffisant si la vie se prolonge.

L'État, le patron, le Fonds commun, dont la contribution collective a doublé le chiffre de la pension, n'ont pas eu d'autre objectif que d'assister le travailleur devenu vieux, *mais c'est lui seul* qu'ils ont eu en vue et non ses héritiers, plus ou moins éloignés.

A son âge il n'a plus d'ascendants ; ses enfants sont adultes. Son conjoint, s'il survit, a sans doute lui aussi son livret de retraite.

Le ménage a d'ailleurs pu stipuler que la pension continuerait d'être servie, au dernier survivant.

Au besoin un secours pourra être donné sur le fonds commun au veuf ou à la veuve.

CONTRIBUTION PATRONALE.

Certains économistes, — probablement des fils de négriers, — ont imaginé la théorie suivante pour expliquer la légitimité de la contribution patronale :

Quand un industriel achète une machine, il calcule, disent-ils, que cette machine sera hors de service après dix ans d'usage.

Il a soin, dès lors, d'en répartir le prix sur dix exercices et il en ajoute l'amortissement à ses frais généraux.

L'ouvrier étant une machine, ou un outil, qui s'usera avec le temps, celui qui l'use, le patron doit de même inscrire à ses frais généraux une dépense annuelle pour couvrir la mise hors de service de son ouvrier.

Cette théorie est simplement celle de l'esclavage.

C'est le calcul du planteur qui achète un nègre, le fait travailler à l'excès et le laisserait mourir de faim s'il n'avait souci du capital placé sur cette machine vivante, sur cette tête de bétail humain.

Non, l'ouvrier n'est ni un outil ni une machine.

C'est une indignité de concevoir ainsi sa personnalité et l'œuvre de son intelligence et de ses bras !

Que son travail soit infime ou relevé, c'est lui qui met en valeur le capital, et les plus belles conceptions ne serviraient de rien s'il n'était là pour la mise en œuvre.

Nous ne chercherons pas quelle part il aurait le droit de revendiquer dans les bénéfices, ni s'il doit participer aux risques patronaux, ni à dégager aucune des autres inconnues qui peuvent se poser dans l'étude des relations du capital et du travail.

Mais nous voyons dans la collaboration du patron et de l'ouvrier une solidarité telle, que si le premier tire de son usine le pain de sa famille et la sécurité de sa vieillesse, le second peut invoquer sur le produit du travail commun des droits identiques.

C'est une affaire de proportion, mais la relation existe.

Où est la limite des droits respectifs de l'un et de l'autre ? Nous n'avons pas à le chercher.

Mais l'un et l'autre ont des droits de même nature et nous connaissons bien des patrons qui n'hésitent pas à le reconnaître.

Nous ne pensons pas d'ailleurs qu'il y en ait d'autres.

CONCOURS DES ÉTABLISSEMENTS CHARITABLES.

Dans sa session de novembre 1903, le Conseil supérieur de la Mutualité a émis le vœu que les bureaux de bienfaisance puissent aider le sociétaire indigent dans le paiement de sa cotisation.

M. le Ministre de l'Intérieur a fait connaître aux préfets par une circulaire du 25 mai 1904 qu'il était légitime que les commissions administratives eussent la liberté de donner cette destination à leurs ressources.

Cette forme d'assistance est en effet des plus recommandables, puisqu'elle a précisément pour objet de diminuer le nombre des personnes qui peuvent éventuellement tomber à la charge des bureaux de bienfaisance.

Les fonds ainsi employés auront toujours un effet utile.

Ni les paresseux ni les cabaretiers n'auront la chance d'en profiter.

Nous ajoutons qu'il est bien d'autres budgets d'assistance où il serait prudent d'inscrire un crédit semblable dans le but de soulager des misères intéressantes et pour éviter de plus grosses charges dans l'avenir.

Un Annuaire de la statistique, de 1901, fait connaître que le nombre des indigents assistés par les bureaux de bienfaisance étant de 1.411.809, il a été distribué en une année 34.078.400 fr. soit une moyenne de 24 fr. 10 par assisté.

C'est trop peu dans la plupart des cas.

Mais dans bien des occasions il s'est trouvé que c'était trop, car les bureaux de bienf. ance, si utiles qu'ils soient, n'ont jamais éteint la misère et, dans plusieurs communes, ils augmentent le nombre des mendiants.

Toute occasion de faire utilement l'aumône doit donc être recherchée, et l'assurance pour le temps de la vieillesse se trouve être dans ce cas. La part des pauvres qui sont vraiment intéressants n'en sera nullement diminuée.

LE PONT MUTUALISTE.

C'est ainsi qu'on a appelé le passage, non construit encore malgré l'urgence, de la mutualité scolaire à la mutualité adulte.

Nous avons vu quel prompt développement avait atteint dans l'Aisne la mutualité scolaire.

Les enfants de nos écoles sont déjà titulaires de milliers de livrets et l'un de nos devoirs consiste à continuer auprès d'eux l'œuvre commencée sur les bancs de la classe.

Il a donc paru bon de leur donner des facilités particulières, et de ménager la transition entre le décime hebdomadaire auquel ils sont habitués, et la cotisation plus forte de nos statuts.

Et cela d'autant plus qu'au sortir de l'école ils ne gagnent rien encore, ou fort peu de chose et ne peuvent guère donner plus que nous ne leur demandons (Art. 44 et 45 des statuts).

LE SERVICE MILITAIRE.

Les jeunes hommes passent deux ans au régiment vers leur vingtième année.

Pendant ce temps la plupart ne gagnent rien ou ne peuvent faire d'économies.

Aucun patron n'est là pour verser la moitié de la prime.

En même temps que la charge de l'ouvrier se trouve doublée, les moyens de l'acquitter ont temporairement disparu.

Le fait que certains, conservant des ressources, pourront payer, n'empêche pas qu'un grand nombre sera hors d'état de rien verser.

Alors que faire ?

Exempter le soldat du versement pendant la durée du service ne serait pas lui faire un cadeau, car s'il ne verse pas et si personne ne verse pour lui, il y aura dans son livret une lacune dont l'effet final doit se retrouver le jour de la liquidation de la retraite.

Doit-il être victime de ce qu'il est physiquement apte au service militaire, tandis que son voisin a bénéficié de l'exemption, pour quelque infirmité, qui lui permet, la plupart du temps, de continuer à gagner sa journée ?

Ce serait une injustice.

Doit-il souffrir de ce qu'il est du sexe masculin, les ouvrières titulaires comme lui d'un livret, ne faisant pas de service militaire ? Nullement.

Dès lors une solution se présente.

Comme l'armée a pour mission de protéger tout le monde, quel que soit l'état de santé, le sexe, ou l'intérêt des personnes, il est équitable que tout le monde contribue à combler le déficit des versements qui résulte de l'état militaire.

Pendant la durée de son service, le militaire sans ressources sera exempté du versement, et, pendant ce temps, chaque porteur *de livret*, représenté par le Fonds commun, versera pour lui une part à la caisse.

On objecte que si le soldat n'a pas à s'occuper de son livret pendant la durée du service, il devient inutile que les officiers s'inquiètent de faire des conférences sur la mutualité et la prévoyance.

Or, ce genre d'enseignement n'est jamais superflu. Il sera toujours précieux, même pour les soldats qui arrivent au régiment déjà titulaires d'un livret.

A plus forte raison servira-t-il pour ceux qui recevront au régiment leurs premières leçons sur les institutions de prévoyance.

Ceux-là fourniront encore pendant bien des années des auditeurs fort étonnés aux révélations des conférences.

Les Caisses des régiments commencent d'ailleurs à donner, comme récompense, des livrets de Caisses des retraites, ou des primes destinées à y être inscrites.

On peut calculer d'assez près les cotisations des hommes présents au corps dans le département de l'Aisne.

Le contingent a donné 2.294 soldats bons pour l'activité ; soit le double, 4.588, pour deux années de présence : ce qui représente moins de 10 pour mille de la population totale, ou dix soldats sur mille assurés.

Une cotisation moyenne de 15 fr. prise sur le Fonds commun ne sera pas une grosse charge. Surtout s'il est entendu que ce prélèvement ne constitue un droit pour personne et n'est accordé qu'à bon escient, la moitié des militaires n'en ayant pas besoin.

LE CHOMAGE ET LES OFFICES DE PLACEMENT.

Le chômage qui résulte de ce que l'ouvrier, valide et voulant travailler, ne trouve pas à s'occuper, pourra l'empêcher temporairement de verser à la Caisse des Retraites.

Le Fonds commun peut dans ce cas venir à son aide.

Mais le Fonds commun aura bien des charges. Un moyen tout indiqué de diminuer celle qui résulterait du chômage serait de procurer du travail à l'ouvrier qui en manque.

On y pourra dans bien des cas parvenir en centralisant les demandes et les offres d'emploi, soit en un point, soit plutôt sur les différents marchés du département.

Les municipalités, la presse, les représentants de notre Société pourront venir à l'aide des ouvriers en chômage.

On peut aussi songer qu'à bref délai, un *Bulletin* sera nécessaire, indispensable, s'il est bien fait, à tous les mutualistes, aux patrons comme aux ouvriers, comme à toutes les personnes qui s'intéressent aux problèmes d'économie sociale.

Ils sont nombreux ces problèmes et chaque jour nous rapproche des solutions possibles.

Le *Bulletin départemental* serait le meilleur des instruments de propagande pour notre Caisse des Retraites.

On y trouverait des renseignements sur bien des institutions de prévoyance, encore inconnues chez nous et qui mériteraient qu'on leur ouvrît les portes.

A la fin de cette étude nous en indiquerons, très sommairement quelques unes, qui sans être des nouveautés, ont eu peine jusqu'ici à franchir nos frontières.

LA DÉPOPULATION DES CAMPAGNES.

Le mal est trop connu pour qu'il soit nécessaire de le décrire.

Le département de l'Aisne continue d'en subir les ravages, en raison de la proximité de Paris.

On verra dans les deux tableaux ci-après les effets du mouvement qui entraîne vers les villes les travailleurs agricoles.

Le premier est tiré du recensement général de 1890 et intéresse toute la France.

Les éléments du second tableau ont été puisés dans les états du recensement général de 1901 et se rapportent au seul département de l'Aisne.

AGE des TRAVAILLEURS.	AGRICULTURE			INDUSTRIES et AUTRES PROFESSIONS		
	Travailleurs des Établissements	Travailleurs isolés	TOTAUX	Travailleurs des Établissements	Travailleurs isolés	TOTAUX
Moins de 25 ans	1.107.370	77.455	1.184.825	1.097.853	69.297	1.107.150
De 25 à 34 ans	488.071	277.551	765 622	1.080.534	258.413	1.338.947
De 35 à 44 ans·	207.801	314.654	522.455	827.075	281.591	1.108.666
De 45 à 54 ans	131.522	314.547	446 069	552.924	249.272	802.196
De 55 à 64 ans	93.337	299.246	392.583	295.167	173.658	468.825
De 65 ans et plus	79.464	293.831	373.295	126.496	119.545	246.041
Totaux. . .	2.107.565	1.577.284	3.684.849	3.980.049	1.151.770	5.131.825

DÉPARTEMENT DE L'AISNE

AGE des TRAVAILLEURS (Ouvriers et Ouvrières)	AGRICULTURE			INDUSTRIE, COMMERCE ET AUTRES PROFESSIONS		
	Travailleurs des Établissements	Travailleurs isolés	TOTAUX	Travailleurs des Établissements	Travailleurs isolés	TOTAUX
Moins de 25 ans	16.757	3.609	20.366	42.580	4.679	47.259
De 25 à 34 ans	8.994	5.004	13.998	23.544	6.944	30.488
De 35 à 44 ans	7.002	5.160	12.162	17.981	7.053	25.034
De 45 à 54 ans	5.413	5.115	10.528	11.886	6.311	18.197
De 55 à 64 ans	4 156	5.519	9 675	7.097	5.228	12.325
De 65 ans et plus. . . .	2.132	5.418	7.550	3.372	3.845	7.217
TOTAUX. . .	44.454	29.825	74.279	106.460	33 060	140.520

De ces tableaux il résulte que le travailleur de la campagne subit vers la vingt-cinquième année une crise.

Rien ne le retient à la campagne, et beaucoup de raisons l'attirent vers la ville.

Comptant trouver dans un nouveau travail des facilités diverses, il déplace son horizon.

Si c'est la faute des mœurs, qui ne sont pas toujours bonnes, c'est aussi la faute de nos institutions qui ne sont ni tendres, ni prévoyantes pour l'homme des champs, et le laissent absolument dépourvu de ce qui fait la sécurité, et même l'agrément de la vie.

Pourtant il n'est pas toujours très sain de quitter l'agriculture :

Les tableaux qui précèdent montrent que, après 65 ans, la mortalité a terriblement décimé les travailleurs de l'industrie et du commerce.

Ils étaient, à 35 ans, deux fois plus nombreux que les ouvriers de la campagne, 1.338.947 contre 765.622.

A 65 ans la proportion est renversée ; les ouvriers des champs sont encore 373.205 alors qu'il n'en reste plus à la ville que 246.041.

Dans l'Aisne (deuxième tableau) le déchet de l'industrie, commerce et professions diverses, est encore plus formidable.

Sur 47.259 à 25 ans il n'en reste à 65 ans que 7.217, *un sur sept* environ.

Tandis que dans l'agriculture il reste à 65 ans *un sur trois* des 20 366 travailleurs de la vingt-cinquième année.

Il est juste pourtant d'observer que la mortalité n'est pas seule à modifier les éléments de ces tableaux.

Si par exemple, de 25 à 35 ans, le nombre des ouvriers et employés de l'industrie et du commerce descend de 47.259 à 30.488, c'est que, pendant cette période, beaucoup ont changé de catégorie en devenant patrons.

Il est certain néanmoins que l'ouvrier de culture vit plus longtemps. Les tables de mortalité le prouvent.

La consolation d'une longue vie est donc assurée déjà à ceux qui restent fidèles à leur clocher natal.

Mais on peut leur en donner d'autres et la pension de retraite en est une fort appréciable.

Il serait toutefois inconcevable de voir voter l'article de loi qui alloue aux ouvriers de la ville une retraite supérieure de cent francs à celle des ouvriers de la campagne. Cette anomalie achèverait de dépeupler nos villages.

Quand aura commencé le fonctionnement de notre Caisse départementale, le moment sera venu de songer à d'autres institutions, capables d'arrêter définitivement l'exode vers les villes et de ramener le paysan à la terre.

Le Crédit agricole, par exemple, qui fonctionne admirablement... au Danemark, depuis une loi du 16 mars 1893 et dans bien d'autres pays.

Organisé en France par une législation fort belle, le crédit agricole n'a rendu jusqu'ici que d'insignifiants services.

Il est à peu près inconnu dans le département de l'Aisne.

On a enregistré jusqu'ici à la Préfecture la création de treize caisses de ce genre.

La plus ancienne remonte à 1900.

Sur les treize, cinq ont déjà disparu.

Les huit autres n'ont pas beaucoup de vitalité.

Les *Assurances Agricoles*, de catégories diverses, commencent à peine à s'implanter dans le département et rencontrent bien des résistances.

C'est à peine si l'on compte actuellement 67 sociétés qui assurent contre la mortalité du bétail et une seule société de *Réassurance*.

La *Coopération*, sous ses diverses formes. En dehors du familistère de Guise et de quelques groupements, très disséminés, très peu de nos concitoyens en recueillent les bienfaits

* Les *Habitations à bon marché*. Deux sociétés seulement s'en sont occupées jusqu'à présent ; l'une d'elles est représentée dans votre commission, par son distingué président, M. René Jourdain. Mais nulle part encore, on n'a songé, à la campagne, à procurer aux ouvriers agricoles des habitations saines et économiques.

Les *Jardins Ouvriers* ont pris naissance dans les Ardennes, sur l'initiative d'une femme de bien, Mme Hervieu, de Sedan. Les premiers statuts de l'œuvre ont été approuvés par le préfet, le 27 février 1891.

Depuis cette époque, le progrès a été constant dans le Nord et l'Est de la France. Nous connaissons, dans le Doubs, des communes que de généreuses initiatives ont complètement transformées.

Aux vieilles habitations malsaines et sordides, dont le type n'est encore que trop répandu, se sont substituées d'élégantes maisonnettes entourées de gais jardins, bien cultivés, où les fleurs et les arbustes trouvent une place aussi bien que les légumes et les fruits.

Le jardin ouvrier est devenu la propriété de l'ouvrier qui l'a mis en culture, et petit à petit, par un crédit bien organisé, *la maisonnette a été construite dans le jardin*

Dans l'Aisne les jardins ouvriers commencent à être connus. La Compagnie de Saint-Gobain a depuis longtemps donné l'exemple, et, à Chauny même, un instituteur en retraite, M. Ph. Lefèvre, s'est attaché à cette œuvre intéressante avec un dévouement digne d'éloges. Les résultats déjà obtenus sur son initiative sont fort encourageants.

Le Homestead. — C'est la maison du paysan, entourée d'une petite étendue de terre suffisante pour le faire vivre.

Si le malheur s'abat sur lui, si, malgré son travail acharné, il n'arrive pas à joindre les deux bouts ; si son bétail meurt, si la sécheresse ou la grêle détruit la récolte, le voilà contractant un premier emprunt, qui la plupart du temps le mènera à la ruine.

Il est saisi, exproprié, mis à la porte ; c'est un homme perdu ; lui et sa triste famille partent pour la ville, à la recherche d'un morceau de pain.

Une loi qui rendrait son petit domaine incessible et insaisissable serait le salut pour lui.

Cette loi, elle existe au Texas depuis 1839.

Elle existe aussi chez nous, mais en projet dans les cartons de la Chambre

Il est à souhaiter qu'elle en sorte. De nombreux conseils généraux de départements agricoles ont émis le vœu déjà de voir cette loi aboutir ; nous comptons que le conseil général de l'Aisne entreprendra lui aussi l'examen de cette institution et donnera son effort pour sauver des travailleurs, courageux et honnêtes, du crédit usuraire et des procédures légales, mais profondément iniques, qui les étranglent sans merci.

Si longue que cette étude ait pu paraître, nous avons beaucoup de regret de voir que le moment est venu de la terminer ; d'autant plus que nous avons pleine conscience de la laisser très incomplète.

De tels sujets sont de ceux qui entraînent la pensée et excitent le courage.

Si tout ce qui a été fait déjà dans d'autres départements pour améliorer le sort des ouvriers était tenté dans l'Aisne ; si les institutions diverses de prévoyance et de solidarité sociale, dont ils ont ailleurs le bénéfice, étaient transplantées chez nous; concentrées dans ce grand département de l'Aisne si fertile de toutes manières et si plein de ressources, quel magnifique exemple il donnerait au reste du pays !

En même temps combien on y épargnerait de souffrances injustes ! Combien de misères seraient éteintes !

Nous allons commencer par l'installation des retraites ouvrières. Nos successeurs continueront. Ils voudront faire le reste.

www.ingramcontent.com/pod-product-compliance
Lightning Source LLC
Chambersburg PA
CBHW052210270326
41931CB00011B/2299